DREJTSHKRIMI I GJUHËS SHQIPE

Ribotim i versionit origjinal
të vitit 1973, botuar nga
Akademia e Shkencave të Shqipërisë

*Nuk përmban përditësimet
e ndodhura pas vitit 1973*

RL BOOKS
2022

ISBN 978-2-39069-001-6

https://www.rlbooks.eu
admin@rlbooks.eu

Tabela e lëndës

Parime të përgjithshme 7
Alfabeti i gjuhës shqipe 9
I. DREJSHKRIMI I ZANOREVE 10
Zanorja e e theksuar 10
Zanorja e e patheksuar 11
Zanorja ë e theksuar 11
Zanorja ë e patheksuar 12
Ë-ja paratheksore 12
Ë-ja pastheksore 18
Ë-ja fundore 22
Zanorja u 31
Zanoret i dhe y 32
Zanoret u dhe y 32
Grupe zanoresh dhe diftongje 33
-ie- / -je- 33
grupi ye 36
grupet ua, ue 36
takimi i dy zanoreve të njëjta 37
apostrofi 38
theksi 41
II. DREJTSHKRIMI I BASHKËTINGËLLOREVE 42
Bashkëtingëlloret e zëshme në fund dhe në trup të fjalës 42
Sh / zh / ç nistore 43
S / z nistore 44
Shkrimi i j-së 45
Shkrimi i bashkëtingëllores h 51

Fjalët me rr 53
Nj-ja në trup e në fund të fjalës 56
Grupe bashkëtingëlloresh mb, nd, ng, ngj 57
Takime bashkëtingëlloresh 58
Takimi i t-së me sh-në 58
Takimi i g-së ose i n-së me j-në 58
Takimi i d-së, s-së, t-së ose i z-së me h-në 59
Takimi i d-së me t-në 59
Takimi i dy shkronjave të njëjta 60
III. DISA TIPA FJALËSH ME PREARDHJE TË HUAJ DHE EMRASH TË PËRVEÇËM TË HUAJ 61
IV. ÇËSHTJE GRAMATIKORE 77
Disa trajta të shumësit të emrave dhe të mbiemrave ...77
Shkrimi i nyjës së përparme 82
Shkrimi i disa pjesëzave dhe parafjalëve 91
V. SHKRIMI I FJALËVE NJËSH, NDARAS DHE ME VIZË NË MES 94
VI. PËRDORIMI I SHKRONJAVE TË MËDHA 113
VII. NDARJA E FJALËVE NË FUND TË RRESHTIT 132
VIII. SHKRIMI I DATAVE 138
Treguesi i çështjeve...139

PARIME TË PËRGJITHSHME

1. Drejtshkrimi i njësuar i gjuhës shqipe është shprehje e kristalizimit të normës letrare kombëtare në të gjitha hallkat kryesore të strukturës fonetike, gramatikore, fjalëformuese e leksikore. Ai pasqyron gjendjen e sotme dhe prirjet e përgjithshme të zhvillimit të gjuhës sonë letrare, e cila mbështetet gjerësisht në gjuhën e folur të popullit. Duke ngritur në një shkallë më të lartë traditën e shkrimit të shqipes, drejtshkrimi i sotëm synon njësimin e mëtejshëm të normës së gjuhës letrare kombëtare mbi bazën e trajtave të përbashkëta që janë përvetësuar e përvetësohen prej saj.

2. Parimi themelor i drejtshkrimit të shqipes është parimi fonetik: në përgjithësi fjalët dhe pjesët e tyre të kuptimshme shkruhen ashtu siç shqiptohen në ligjërimin letrar. Thelbi i parimit fonetik në drejtshkrimin e shqipes, që mbështetet në një sistem grafik ku ka një lidhje të drejtpërdrejtë midis shkronjës dhe tingullit-fonemë, është aspekti fonologjik, domethënë përdorimi social i tingujve të gjuhës në procesin e marrëdhënieve midis njerëzve.

Parimi fonetik synon vendosjen e një lidhjeje sa më të ngushtë midis trajtës së shkruar dhe trajtës së folur të gjuhës letrare. Prandaj, kur në shqiptimin letrar ka variante të lejuara nga norma e sotme, drejtshkrimi mbështetet tek ajo trajtë që është më e përgjithshme dhe që pajtohet me prirjen e zhvillimit të sistemit fonetik të shqipes letrare.

3. Krahas parimit fonetik, drejtshkrimi i njësuar i shqipes mbështetet gjerësisht edhe në parimin morfologjik, i cili kërkon që fjalët dhe pjesët e tyre përbërëse të sistemit trajtëformues e fjalëformues të shkruhen njësoj, pavarësisht nga ndryshimet tingullore të shkaktuara prej ligjeve fonetike që veprojnë sot në gjuhën tonë. Parimi morfologjik zbatohet kryesisht në ato raste, kur zbatimi i veçuar i parimit fonetik do të çonte në errësimin a në prishjen e strukturës morfologjike e fjalëformuese të fjalëve; ai ndihmon kështu për ta ruajtur sa më të qartë në shkrim këtë strukturë, si edhe njësinë e trajtave. Duke pasur si bazë analogjitë morfologjike, parimi morfologjik lejon rrafshimin e thjeshtimin sa më të madh të rregullave drejtshkrimore të shqipes dhe ndihmon që këto rregulla të pasqyrojnë në mënyrë sa më organike zhvillimin e bashkëlidhur të strukturës fonetike, morfologjike e fjalëformuese të gjuhës sonë letrare kombëtare.

4. Gërshetimi i parimit fonetik me parimin morfologjik në drejtshkrimin e shqipes plotësohet edhe nga zbatimi i disa parimeve të tjera, siç janë parimi leksikor-kuptimor, ai historik-tradicional etj. Fushat e zbatimit të këtyre parimeve janë më të ngushta dhe përfshijnë anë të veçanta të drejtshkrimit.

5. Drejtshkrimi i njësuar i gjuhës shqipe kurorëzon një etapë të gjatë përpjekjesh për formimin e një gjuhe letrare të vetme e të përbashkët për gjithë popullin shqiptar dhe çel rrugën për ta përmirësuar më tej normën drejtshkrimore të kësaj gjuhe në pajtim me zhvillimin e mëtejshëm të gjuhës e të kulturës sonë kombëtare.

ALFABETI I GJUHËS SHQIPE

Alfabeti i gjuhës shqipe ka tridhjetë e gjashtë shkronja, që u përgjigjen tingujve-fonema të gjuhës sonë letrare:

A	a	N	n
B	b	Nj	nj
C	c	O	o
Ç	ç	P	p
D	d	Q	q
Dh	dh	R	r
E	e	Rr	rr
Ë	ë	S	s
F	f	Sh	sh
G	g	T	t
Gj	gj	Th	th
H	h	U	u
I	i	V	v
J	j	X	x
K	k	Xh	xh
L	l	Y	y
Ll	ll	Z	z
M	m	Zh	zh

I. DREJTSHKRIMI I ZANOREVE

ZANORJA E E THEKSUAR

§ 1

Shkruhen me **e** (dhe jo me **ë**) fjalët ku kjo zanore është e theksuar dhe ndiqet ose ka qenë ndjekur në të kaluarën nga një bashkëtingëllore hundore (**m, n, nj**). Me **e** shkruhen gjithashtu fjalët e prejardhura ose të përbëra të formuara prej tyre, pavarësisht nga lëvizja e theksit:

(më) dhemb, dhembje, emër, emëror, femër, femërore, gjemb, gjembaç, e premte, rremb, shemb, shembull, shembullor, i pashembullt, shemër, i shtrembër, shtrembëroj, tremb, thembër, zemër, zemëroj, i përzemërt etj.;

argjend, argjendar, brenda, brendi, i brendshëm, cen, cenoj, çmend, (i, e) çmendur, dend, (i, e) dendur, deng, dhen, end, gjendje, kuvend, kuvendoj, mend, mendje, mendoj, mendim, përmend, përmendore, mendër, parmendë, pendë, qen, qendër, qendror, (kam) qenë, qenie, qenësi, qengj, shpend, tendë, vend, vendës, vendos, vendim, zëvendës, zëvendësoj etj.;

e enjte, gështenjë, ndenja, (i, e) ndenjur, penj-të,

shenjë (por *shënoj, shënim*), *(i, e) shenjtë, (i, e) shtrenjtë, shtrenjtoj, (i, e) vrenjtur;*
 dre, fle, fre, gdhe, ndej, (i, e) nderë, ngre, pe.

ZANORJA E E PATHEKSUAR

§ 2

Tek emrat femërorë, të cilët kanë një -e fundore të patheksuar në trajtën e pashquar të njëjësit, në emëroren e shquar bie -e-ja, ndërsa në rasat e tjera ajo shkruhet:

artiste - artistja, artisteje; fitore - fitorja, fitoreje; lule - lulja, luleje; lulishte - lulishtja, lulishteje; mësuese - mësuesja, mësueseje; nxënëse - nxënësja, nxënëseje; perde - perdja, perdeje; qytetare - qytetarja, qytetareje; studente - studentja, studenteje; shishe - shishja, shisheje etj.;

anije - anija, anijeje; ardhje - ardhja, ardhjeje; çështje - çështja, çështjeje; familje - familja, familjeje; korrje - korrja, korrjeje; nisje - nisja, nisjeje; pyetje - pyetja, pyetjeje; rrokje - rrokja, rrokjeje; ulje - ulja, uljeje etj.

ZANORJA Ë E THEKSUAR

§ 3

Shkruhen me **ë** të gjitha fjalët te të cilat kjo zanore e theksuar i përgjigjet historikisht një a-je të ndjekur nga një bashkëtingëllore hundore. Me **ë** shkruhen edhe të gjitha fjalët e prejardhura ose të përbëra, të formuara prej tyre, pavarësisht nga lëvizja e theksit[1]:

bëj, çështje, dëm, dëmtoj, dhëmb, dhëmballë, dhëndër, (kam) dhënë, dhënie, e ëma, (i, e) ëmbël, ëmbëlsi, ëndërr, ëndje, frëngjisht, gërshërë, gojëdhënë, gjë, gjëmë, gjëndër, hënë, këmbë, këmbësor, kënd, i këndshëm, këngë, këngëtar, lë, lëmë, lëndë, lëng, llërë, mbrëmje, më (pak), (s'dua) më, mëngë, mëz, nëmë, nëntë, nëntor, (kam) ngrënë, nxë, nxënës, një, (i, e) njëjtë, njëri, njëra, njëri - tjetri, njësi, përzë, (i, e) rëndë, rëndoj, (kam) rënë, rrënjë, rrëzë, shkëmb, shtatzënë, shullë, (i, e) tërë, tërësi, tërshërë, (shtëpinë) tënde, (kam) thënë, parathënie, thëllëzë, zë (zëri), zë, (kam) zënë etj.

§ 4

Shkruhen me **ë** fjalët me prapashtesën **-llëk**:

    bollëk, budallallëk, gomarllëk, hamallëk, pazarllëk etj.

ZANORJA Ë E PATHEKSUAR

ë-ja paratheksore

§ 5

ë-ja paratheksore shkruhet në këto raste:
a) në fjalët e parme e në të gjitha fjalët ku ajo

---

[1] Nuk përfshihen këtu ato fjalë që në gjuhën letrare kanë hyrë në trajtën me **a**, e cila nuk është më hundore: dhanore, (i, e) mangët, ranishte, shmang, zanë, zanore etj.

§5 b

i takon rrokjes së parë, si edhe në fjalët e formuara prej tyre:

argëtoj, bagëti, bërryl, dëgjoj, dënesë, dëshirë, fëlliq, fëmijë, gëmushë, gërryej, gëzof, gëzhojë, gogësij, gumëzhij, gjëmoj, hingëllin, këlysh, këmishë, kënaq, këndellem, këndoj, kënetë, këpucë, këpucar, këpushë, këput, të këqij, kërcej, kërrabë, kërrusem, këshill, kushëri, lëkurë, lëmoshë, lëndoj, lëpij, lëpjetë, lëpushkë, lëshoj, mallëngjej, të mëdhenj, mëkat, mënyrë, mësoj, mësim, mëshoj, mushkëri, ndërroj, ndërresë, shndërroj, pagëzoj, pagëzim, pëllet, pëllëmbë, pëllumb, përrallë, pështjelloj, pështyj, psherëtij, qëroj, rrëfanë, rrëfim, shëllirë, shëmtoj, shëtit, tëhu, trashëgoj, thëllëzë, thërres, thërrime etj.;

dëboj, dëborë, dëlir, (i, e) dëlirë, dërrasë, gëzoj, kësaj, kësisoj, kësodore, kështu, këta, këtë, këtij, (i, e) këtillë, këtej, këtu, lëfyt, lëkund, i lëkundshëm, lëmekem, lëvozhgë, mëditje, mësyj, mësymje, sëmundje, shpëlaj, tëharr, tëholl etj.*

b) në fjalë të prejardhura, të formuara nga një temë më -ë me anë prapashtesash që nisin me bashkëtingëllore, dhe në fjalë të përbëra e të përngjitura që kanë si pjesë të parë një temë të tillë më -ë, të ndjekur nga një temë që nis me bashkëtingëllore:

anëtar, anëtarësi (anë); *armëtar* (armë); *atëror, atësi* (atë); *bardhësi* (i bardhë); *botëror, botërisht* (botë); *bulëzim* (bulë); *burrëri, burrëror* (burrë); *copëtoj, copëtim, copëzoj* (copë); *drejtësi* (i drejtë); *flakëroj,*

---

*) Shkruhen pa ë fjalët *arsye, arsej, arsim, arsimtar* dhe ato që formohen prej tyre.

flakërimë (flakë); *frikësoj* (frikë); *frymëzoj, frymëzim* (frymë); *ftohtësi* (i ftohtë); *gojëtar, gojëtari* (gojë); *gjatësi* (i gjatë); *gjellëtore* (gjellë); *gjerësi* (i gjerë); *gjithësi, përgjithësisht* (gjithë); *gjuhësi, gjuhësor, gjuhëtar* (gjuhë); *gjunjëzoj* (gjunjë); *hollësi, hollësisht* (i hollë); *këmbësor, këmbësori* (këmbë); *kordhëtar* (kordhë); *lartësi, lartësoj* (i lartë); *lehtësi, lehtësoj* (i lehtë); *luftëtar* (luftë); *mbarësi* (i mbarë); *mirësi, përmirësoj* (i mirë); *pemëtore, pemëtari* (pemë); *pikëllim, pikërisht* (pikë); *pjesëtoj, pjesëtim* (pjesë); *plotësoj, plotësisht* (i plotë); *punëtor, punëtori* (punë); *qetësi* (i qetë); *rreptësi, rreptësisht* (i rreptë); *rrogëtar* (rrogë); *shkallëzim* (shkallë); *shkishëroj* (kishë); *shpejtësi* (i shpejtë); *shterpësi* (shterpë); *tokësor, tokëzim* (tokë); *trashësi* (i trashë); *thatësi* (i thatë); *thellësi* (i thellë); *udhëtar, udhëtim* (udhë); *urtësi* (i urtë); *valëzoj, valëzim* (valë); *vështirësi* (i vështirë); *vjershëtor* (vjershë); *zbetësi* (i zbetë) etj.;

anëshkrim, armëpushim, atëherë, bashkëfjalim, bashkënxënës, bashkëpunoj, bashkëshorte, botëkuptim, bukëpjekës, buzëqesh, cipëtrashë, çfarëdo, datëlindje, derëbardhë, dorëheqje, dorëshkrim, dorëzanë, dhjetëfishoj, dhjetëvjetor, fletëgjerë, frymëmarrje, gojëdhënë, gojëmjaltë, grevëthyes, gjashtëdhjetë, gjashtëmbëdhjetë, i gjithëfuqishëm, gjithëkombëtar [1], *gjuhëgjatë, gjysmëhënë, gjysmëkoloni, hundëshkabë, i jashtëzakonshëm,*

---

1) Nuk shkruhet ë-ja paratheksore te përemrat e pakufishëm, te ndajfoljet e te lidhëzat e përngjitura që kanë si pjesë të parë fjalët *gjithë* ose *kurrë*: *gjithçka, gjithçmos, gjithfarë, gjithherë, gjithkah, gjithkund, gjithkush, gjithmonë, gjithnjë, gjithsaherë, gjithsecili, gjithsekush; kurrfarë, kurrgjë, kurrkund, kurrkush, kurrsesi* etj. Po kështu shkruhet pa -ë pjesa e parë e fjalëve *vetvete, vetvetiu* dhe e fjalëve të formuara prej tyre: *vetvetor, i vetvetishëm.*

jetëdhënës, jetëgjatë, këmbëzbathur, këngëtar, kokëforte, llërëpërveshur, mbarëvajtje, mirëbërës, mirëbesim, mirëdita, i mirëfilltë, pesëvjeçar, pikënisje, pikëpamje, pjesëmarrje, pulëbardhë, qafëgjatë, shumëfishoj, shumëkëmbësh, vetëdashje, vetëqeverisje, vetëshërbim, vetëvendosje, vërej, vërejtje etj.

Shënim 1. Për shkak të ngulitjes prej kohësh, të shqiptimit dhe të shkrimit në gjuhën letrare shkruhen pa -ë- fjalët: *amtar, besnik, fillestar, furrtar, kishtar, lojtar, meshtar, nevojtar, nevojtore, ngatërrestar, pishtar, rojtar, zyrtar; atdhe.*

Shënim 2. Nuk shkruhet ë-ja paratheksore te fjalët e përbëra, kur gjymtyra e dytë fillon me zanore: *bashkatdhetar, bashkautor, bashkudhëtar* (bashkë); *gojëmbël* (gojë); *i gjithanshëm* (gjithë); *kokulur* (kokë); *i shumanshëm (shumë)* etj. (por: *njëanësi, i njëanshëm, zëëmbël,* sepse ë-ja fundore te gjymtyra e parë e tyre është e theksuar).

c) po kështu shkruhen me **ë** (si zanore mbështetëse) edhe fjalët e prejardhura, që, megjithëse formohen nga tema më bashkëtingëllore, kanë një strukturë fonetiko-fjalëformuese të ngjashme me atë të fjalëve të mësipërme:

armiqësi (armiq); *besnikëri* (besnik); *bujqësi* (bujq); *djallëzi* (djall); *dobësi* (i dobët); *fajësi, pafajësi, shfajësoj* (faj); *fshatarësi* (fshatar); *fundërri* (fund); *gjakësi, gjakësor* (gjak); *hapësirë* (hap); *harkëtar* (hark); *kalbëzoj* (i kalbët); *keqësoj, keqësim* (keq); *kombësi, kombëtar, ndërkombëtar* (komb); *krejtësisht* (krejt); *kryqëzor* (kryq); *lajmëtar, lajmëroj* (lajm); *lavdëroj, lavdërim* (lavd); *ligësi* (i lig); *madhësi, madhështor* (i madh); *malësi, malësor* (mal); *mbretëri* (mbret); *miqësohem, miqësor, miqësisht* (miq); *mjekësi, mjekësor* (mjek); *pakësoj* (pak); *plehëroj, plehërim* (pleh); *pleqëroj, pleqësi* (pleq); *qytetëroj, qytetërim* (qytet); *robëri, robëroj* (rob); *shëndetësi* (shëndet); *shfrytëzoj, shfrytëzim* (fryt); *shkrifëroj*, *shkrifërim* (shkrif); *Shqipëri*, *shqipëroj* (shqip); *shtetëror* (shtet); *trimëri* (trim); *vargëtar* (varg); *vazhdimësi* (vazhdim); *zdrukthëtar*, *zdrukthëtari* (zdrukth) etj.

Shënim. Nuk shkruhen me **ë**:

a. fjalët e prejardhura që formohen prej temash më një bashkëtingëllore me anë të prapashtesave **-tar(e), -tor(e), -ti, -toj**:

arsimtar, arsimtare (arsim), *çlirimtar* (çlirim), *flamurtar, flamurtare* (flamur), *gjyqtar* (gjyq), *kujdestar* (kujdes), *lundërtar* (lundër), *mishtar* (mish), *oborrtar* (oborr), *pajtimtar* (pajtim), *prestar* (pres), *shkaktar* (shkak), *shqiptar* (shqip), *shtegtar* (shteg), *tregtar* (treg), *themeltar* (themel), *zelltar* (zell); *fajtor* (faj), *leshtor* (lesh); *pastërti* (i pastër), *tregti* (treg); *caktoj, përcaktoj* (cak), *dëmtoj* (dëm), *ëmbëltoj* (i ëmbël), *robtohem* (rob), *shkaktoj* (shkak), *shpeshtoj* (shpesh), *shqiptoj* (shqip), *shtegtoj* (shteg), *tregtoj* (treg) etj.*;

b. fjalët e prejardhura, të cilat formohen prej temash më bashkëtingëllore të lëngëta (**-r, -l, -ll**) që e kanë theksin mbi rrokjen e parafundit:

afërsi (afër), *egërsi* (i egër), *epërsi* (i epër), *katërshor* (katër), *letërsi* (letër), *misërnike* (misër), *motërzim* (motër), *poshtërsi* (i poshtër), *vjetërsi* (i vjetër), *zgjuarsi* (i zgjuar); *ëmbëlsi, ëmbëlsoj* (i ëmbël), *vogëlsi* (i vogël); *miellzim* (miell), *popullsi, popullzoj* (popull), *rregullsi* (rregull) etj.

ç) në fjalët e prejardhura, të formuara prej temash më **-ër, -ërr, -ël, -ës, -ëz**, me anë prapashtesash që fillojnë me zanore:

arbëror, arbëresh (arbër), *ashpëroj* (i ashpër), *breshëri,* (breshër), *çiltëri* (i çiltër), *dimëroj, dimëror, di-*

---

*) Po kështu shkruhen pa -**ë**- edhe fjalët *tradhtar, tradhti, tradhtisht, tradhtoj*.

§5 ç 15

mërim (dimër), *dhelpëri* (dhelpër), *emëroj, emërore, emërues* (emër), *femërore* (femër), *gjarpëroj, gjarpërushe* (gjarpër), *gjelbërim* (i gjelbër), *misërishte, misërok* (misër), *mjeshtëri, mjeshtërisht, mjeshtërok, mjeshtëror* (mjeshtër), *numëror, numërim, numëroj* (numër), *poshtëroj, poshtërim* (i poshtër), *shtrembëroj, shtrembërim* (i shtrembër), *urdhëresë, urdhëroj, urdhërore* (urdhër), *varfëri, varfëroj* (i varfër), *verbërisht* (i verbër), *zemërim, zemëroj* (zemër) etj.; me ë paratheksore shkruhen edhe disa trajta shumësi që janë fonetikisht të ngjashme me fjalët e tipit të mësipërm, si *gishtërinj, gjarpërinj, priftërinj, zotërinj,* po ashtu edhe formimet e tipit *mbretëreshë, priftëreshë, zotëroj;*

ëndërrim, ëndërroj (ëndërr), *picërroj* (picërr) etj.;

vegjëli, vogëlimë, zvogëloj, zvogëlim (i vogël) etj.;

nëpunësi (nëpunës), *përgjegjësi* (përgjegjës), *rrobaqepësi* (rrobaqepës) etj.;

bulëzoj (bulëz), *njerëzi, njerëzor* (njerëz) etj.*

Shënim. Nuk shkruhen me ë paratheksore fjalët e prejardhura, të formuara prej temash më -ër me anë prapashtesash që fillojnë me zanore, kur përpara -ë-së ndodhet vetëm një nga bashkëtingëlloret **b, d, f, j, k, p, t, v** ose një nga grupet **-nd-, -st-**:

algjebrik (algjebër), *dibran* (Dibër), *librar, librari* (libër); *kodrinë, kodrinor* (kodër), *lodroj* (lodër), *shkodran* (Shkodër); *afri, afrim, afroj* (afër); *ajri, ajroj, ajrim, ajror* (ajër); *lakror* (lakër), *mjekrosh* (mjekër), *mokrar* (Mokër); *epror* (i epër), *teproj, teprice, veproj, veprim* (vepër); *katror* (katër),

---

*) Në pajtim me drejtshkrimin e ngulitur prej kohësh shkruhet *përgënjeshtroj, përgënjeshtrim* (gënjeshtër), *kokrrizë* (kokërr), *puçrriza-t* (puçërr).

letrar (letër), *vjetrohet, i vjetruar* (i vjetër); *zgavroj* (zgavër); *cilindrik* (cilindër), *lundroj, lundrim* (lundër), *njëthundrak* (thundër); *gjirokastrit* (Gjirokastër), *kadastroj, kadastrim* (kadastër), *lustroj, lustrim* (lustër), *ministri, ministror* (ministër), *pastroj, pastrim* (i pastër), *regjistroj, regjistrim* (regjistër) etj.*

ë-ja pastheksore

§ 6

Shkruhet ë-ja pastheksore:

a) tek emrat femërorë më **-ëz**, tek emrat e mbiemrat mashkullorë më **-ës, -ësh** dhe te femërorët përkatës, në të gjitha trajtat e lakimit të tyre:

drejtëz - (i, e një) drejtëze, drejtëza, drejtëzës, drejtëzën, drejtëzat, drejtëzave, drejtëzash; fshikëz-a, gjuhëz-a, këmbëz-a, kryqëza-t, lidhëz-a, pjesëz-a, thonjëza-t, verdhëz-a;

ardhës-i, blerës - (i, e një) blerësi, blerësi, blerësit, blerësin, blerësit, blerësve, blerësish, blerëse, blerëseje, blerësja, blerëses, blerësen, blerëset, blerëseve, blerësesh; brejtës-i, çelës-i, endëse, endësja, folës-i, grykëse, grykësja, gjykatës-i, herës-i, mbledhës-i, mjelëse, mjelësja, mundës-i, nëpunës-i, nxënës-i, nxënëse, përgjegjës-i, qitës-i, qitëse, shpikës-i, vendës-i, zëvendës-i, zgjedhës-i, zgjedhëse etj.;

---

*) Në pajtim me drejtshkrimin e ngulitur prej kohësh shkruhet *dhëndëri, dhëndëroj* (dhëndër), *gjëndërohem* (gjëndër), *motëri* (motër), *sipërore, sipëri* (sipër).

§6 b, c

po kështu shkruhen edhe *Durrës-i, Kukës-i, Lëkurës-i, Qukës-i* etj.;

(trekëndësh) barabrinjës, (lëndë) djegëse, (makinë) korrëse, (forcë) lëvizëse, (makinë) qepëse, (makinë) shirëse etj.;

dyzetkëmbësh-i, mijëshe, mijëshja, pesëshe, pesëshja, pesëgarësh-i, qindëshe - (i, e një) qindësheje, qindëshja, qindëshes, qindëshen, qindëshet, qindësheve, qindëshesh; tetërrokësh-i etj.;

(shtëpi) dykatëshe, (veturë) katërvendëshe, (lule) shumëngjyrëshe etj.;

b) te mbiemrat më **-ët** në të gjitha trajtat e lakimit të tyre:

i cekët - (i, e një) të cekëti, të cekët, i cekëti, të cekëtit, të cekëtin, të cekëtish, të cekëtve; e cekët - (i, e një) të cekëte, të cekët, e cekëta, së cekëtës, të cekëtën, të cekëtash, të cekëtave; (i, e) dobët, (i, e) errët, (i, e) lagët, (i, e) kthjellët, (i, e) ngathët, (i, e) përbashkët, (i, e) shkathët, (i, e) ulët, (i, e) zbrazët etj.

Shënim. Mbiemrat e formuar prej një teme më **-h** shkruhen me **-të**. Këta mbiemra e ruajnë **-ë**-në edhe përpara nyjës **-t** të emërores e të kallëzores së shquar të njëjësit asnjanës e të shumësit të gjinisë mashkullore, si edhe përpara mbaresave **-sh** e **-ve**:

i ftohtë - të ftohtët, të ftohtësh, të ftohtëve; i lehtë - të lehtët, të lehtësh, të lehtëve; i mprehtë - të mprehtët, të mprehtësh, të mprehtëve, i nxehtë - të nxehtët, të nxehtësh, të nxehtëve etj.

c) te trajta e vetës së dytë njëjës e së tashmes lidhore të foljeve me temë më bashkëtingëllore:

të dalësh, të flasësh, të hapësh, të marrësh, të mbyllësh, të mbledhësh, të ndezësh, të presësh, të prishësh, të zhdukësh etj.

§ 7

Nuk shkruhet ë-ja pastheksore:
a) tek emrat dhe mbiemrat më **-ël, -ër, -ërr** dhe tek emrat mashkullorë më **-izëm, -azëm** gjatë lakimit, kur pas këtyre fundoreve vjen një zanore:

bukël, bukla, pupël - (i, e një) puple, puplës, puplën, puplat, puplave, puplash; vegël, vegla etj.;

ajër, ajri, çadër, çadra, dimër, dimri, drapër, drapri, dhelpër - (i, e një) dhelpre, dhelprës, dhelprën, dhelprat, dhelprave, dhelprash; dhëndër, dhëndri, egjër, egjri, emër, emri, gënjeshtër, gënjeshtra, gjarpër, gjarpri, kulpër, kulpra, lakër, lakra, letër, letra, lundër, lundra, misër, misri, numër, numri, thundër, thundra, urdhër, urdhri, vepër, vepra, zemër, zemra etj.*;

dokërr, dokrra, ëndërr, ëndrra, kokërr - (i, e një) kokrre, kokrrës, kokrrën, kokrrat, kokrrave, kokrrash; vjehërr - vjehrri, vjehërr - vjehrra etj.;

anarkizëm - (i, e një) anarkizmi, anarkizmit, anarkizmin; ateizëm, ateizmi, çiklizëm, çiklizmi, majtizëm, majtizmi, marksizëm-leninizëm, marksizëm-leninizmi, materializëm, materializmi, pleonazëm, pleonazmi, reumatizëm, reumatizmi, sarkazëm, sarkazmi, socializëm, socializmi etj.;

---

*) Zanorja -ë pastheksore e mbaresës -ër të shumësit të emrave mashkullorë shkruhet në të gjitha rasat gjatë lakimit: *etër - etërit, etërve, etërish; kunetër, mbretër, shtretër* etj.

i ëmbël, i ëmbli, i vogël - (i, e një) të vogli, i vogli, të voglit, të voglin, të vegjlit, të vegjlish; i ashpër - (i, e një) të ashpri, të ashprit, të ashprin, të ashprish; i çiltër, i çiltri, i gjelbër, i gjelbri, i kaltër, i kaltri, i pastër, i pastri, i shtrembër, i shtrembri, i shurdhër, i shurdhri, i verbër, i verbri, i vjetër, i vjetri etj.;

b) te mbiemrat më **-ëm** e më **-shëm** gjatë lakimit, kur pas këtyre prapashtesave vjen një zanore ose një **j**:

i jashtëm - (i, e një) të jashtmi, i jashtmi, të jashtmit, të jashtmin, të jashtmish; e jashtme, i mesëm, i mesmi, e mesme, i sotëm, i sotmi, e sotme - (i, e një) të sotmeje, e sotmja, së sotmes, të sotmen, të sotmet, të sotmeve, të sotmesh; i vetëm, i vetmi, e vetme etj.;
i ardhshëm - (i, e një) të ardhshmi, i ardhshmi, të ardhshmit, të ardhshmin, të ardhshmish; e ardhshme - (i, e një) të ardhshmeje, e ardhshmja, së ardhshmes, të ardhshmen; i atjeshëm, i atjeshmi, e atjeshme, i besueshëm, i besueshmi, e besueshme; i dukshëm, i dukshmi, e dukshme; i ndershëm, i ndershmi, e ndershme; i pathyeshëm, i pathyeshmi, e pathyeshme; i shijshëm, i shijshmi, e shijshme; i shkëlqyeshëm, i shkëlqyeshmi, e shkëlqyeshme etj.;

c) para prapashtesave **-shëm** dhe **-të** në të gjitha trajtat e mbiemrave të formuar prej tyre:

i natyrshëm, e natyrshme (natyrë), *i përkohshëm, e përkohshme* (kohë), *i pjesshëm, e pjesshme* (pjesë), *i përbotshëm, e përbotshme* (botë), *(i, e) lëkurtë* (lëkurë), *(i, e) njëmijtë* (mijë), *(i, e) pestë* (pesë), *(i, e) përpiktë* (pikë) etj.;

ç) te gjymtyra e parë e trajtave të përngjitura të habitores:

ardhkam, humbkam, marrkam, paskam, qenkam etj.; *paskësha, qenkësha* etj.

ë-ja fundore

§ 8

Shkruhet ë-ja fundore te fjalët me theks që në krye të herës në rrokjen e parafundit, duke u ruajtur ajo edhe në trajtat e tyre ku s'është më fundore.
Kështu, shkruhen me -ë:

a) emrat femërorë si *bukë, fjalë - fjalës, fjalën, fjalët, fjalëve, fjalësh; punë, zhurmë* etj.; po kështu edhe numërorët si *dhjetë, mijë* etj. *(dhjetë - dhjetës, dhjetën, dhjetëra; mijë, mijëra* etj.).

Shkruhen me -ë gjithashtu emrat mashkullorë që shkojnë pas lakimit të emrave femërorë si *babë, dajë, gegë, toskë* etj.; *Kolë, Lekë* etj.;

b) disa emra mashkullorë dhe shumica e emrave mashkullorë që përdoren edhe si asnjanës:

atë, burrë, djalë, gjalmë, gjumë, kalë, lëmë, lumë; ballë (balli, ballët), *brumë* (brumi, brumët), *djathë* (djathi, djathët), *drithë, drithëra, dyllë, dhallë, dhjamë, gjalpë, mjaltë, ujë, ujëra* etj.;

c) mbiemrat dhe ndajfoljet e tipit *(i, e) butë - butë, (i, e) ftohtë - ftohtë, (i, e) gjallë - gjallë, (i, e) gjatë - gjatë, (i, e) lehtë - lehtë, (i, e) mirë - mirë, (i, e)*

§8 ç, d

ngrohtë - ngrohtë, (i, e) shkretë - shkretë, (i, e) vonë -vonë.

Në çiftet e fjalëve më poshtë mbiemrat shkruhen me -ë, ndajfoljet pa -ë:

(i, e) drejtë - drejt, drejtpërdrejt, drejtshkrim; (i, e) fortë - fort, (i, e) kotë - kot, (i, e) lartë - lart, i lartpërmendur; (i, e) ligshtë - ligsht, (i, e) mbrapshtë - mbrapsht, (i, e) mjaftë - mjaft, (i, e) plotë - plot, i plotfuqishëm; (i, e) shpejtë - shpejt, (i, e) thjeshtë - thjesht, (i, e) vërtetë - vërtet; po kështu: *larg, pak, pakkush, shkurt;*

ç) mbiemrat e formuar me anën e prapashtesës **-të** nga emra njërrokësh ose me theks në rrokjen fundore, si edhe nga folje që mbarojnë me zanore:

(i, e) artë (ar), *(i, e) drunjtë* (dru), *(i, e) gurtë* (gur), *(i, e) leshtë* (lesh), *(i, e) pambuktë* (pambuk), *(i, e) zjarrtë* (zjarr)* etj.;

(i, e) metë (mej), *(i, e) mpitë* (mpij), *(i, e) ndytë* (ndyj), *(i, e) thatë* (thaj);

po kështu edhe numërorët rreshtorë:

(i, e) dytë (dy), *(i, e) tretë* (tre), *(i, e) pestë* (pesë), *(i, e) gjashtë* (gjashtë), *(i, e) dymbëdhjetë* (dymbëdhjetë), *(i, e) njëzetë* (njëzet), *(i, e) njëzetenjëtë* (njëzet e një), *(i, e) gjashtëdhjetë* (gjashtëdhjetë), *(i, e) miliontë* (milion)* etj.;

d) trajtat e shumësit të emrave dhe të mbiemrave mashkullorë si:

afrikanë, amerikanë, arabë, bullgarë, docentë, dynymë, feudalë, fishekë, francezë, gramë, grekë, gjumashë, hektarë, hutaqë, kilogramë, kroatë, kuintalë, laborantë, lejlekë, lekë, maturantë, matjanë, mekanikë, memecë, motakë, partizanë, përtacë, pionierë, punëtorë, rebelë, romakë, rosakë, serbë, spanjollë, studentë, shkrimtarë, shoferë, shqiptarë, tonë, traktoristë, (artikuj) ushqimorë, ushtarë, veshë etj.

Kjo -ë shkruhet në të gjitha rasat e shumësit, edhe kur nuk është fundore:

partizanë - partizanësh, partizanët, partizanëve; grekë - grekësh, grekët, grekëve; punëtorë - punëtorësh, punëtorët, punëtorëve.

S h ë n i m. Trajta e emërores dhe e kallëzores së pashquar shumës e emrave të njësive të masave që burojnë nga emra njerëzish shkruhet pa ë fundore, por në rasat e tjera të shumësit të pashquar dhe në të gjitha rasat në shumësin e shquar pas temës shkruhet -ë-:

20 amper, 50 om, 300 herc, 220 volt, 60 vat etj.; *15 amperët, 120 voltëve, 30 vatësh* etj.

dh) trajtat e emërores dhe të kallëzores së shquar të shumësit të emrave dhe të mbiemrave mashkullorë që në trajtën e pashquar mbarojnë me një bashkëtingëllore dhe që janë njërrokësh ose që e kanë theksin në rrokjen e fundit:

bijtë (bij), *deshtë* (desh), *djemtë* (djem), *dhentë* (dhen), *miqtë* (miq), *të rinjtë* (të rinj), *thonjtë* (thonj) etj.;

armiqtë (armiq), *barinjtë* (barinj), *të mëdhenjtë* (të mëdhenj) etj.;

e) trajtat e shquara të rasave të zhdrejta të njëjësit dhe të emërores e të kallëzores shumës të emrave femërorë që mbarojnë me zanore të theksuar:

bukuri - bukurisë, bukurinë, bukuritë; byro - byrosë, byronë, byrotë; dhi - dhisë, dhinë, dhitë; gjë - gjësë, gjënë; kala - kalasë, kalanë, kalatë; e re - së resë, të renë; rrufe - rrufesë, rrufenë, rrufetë etj.;

po kështu shkruhen edhe shkurtimet e gjinisë femërore që në emëroren e pashquar shqiptohen me theks mbi rrokjen e fundit:

ATSH-së (ATSH), *OKB-në* (OKB), *SMT-të* (SMT);

ë) emrat e formuar me prapashtesën **-zë** prej temash që mbarojnë më zanore të theksuar, si edhe emrat me këtë prapashtesë që kanë pësuar një shpërngulje theksi në rrokjen e parafundit (ndryshe nga emrat e tipit *arkëz, lidhëz*):

qelizë, syzë, vezë; dorezë, kokrrizë, librezë, varrezë etj.;

f) emrat femërorë më **-më** (të parmë a të prejardhur) si:

astmë, basmë, dasmë, diafragmë, dogmë, gjysmë, kazmë, krismë, nismë, sintagmë (dhe jo *basëm, dasëm, gjysëm*);

g) përemrat pronorë *ynë, jonë, tanë, tonë, sonë, të mitë, të tutë, të tijtë, të sajtë*;

gj) numërorët themelorë si *pesë, gjashtë, shtatë, tetë, nëntë, dhjetë, dymbëdhjetë, pesëdhjetë* etj.;

h) foljet me temë më zanore, në vetën e parë dhe të tretë të shumësit të së tashmes dëftore e lidhore:

(të) mbajmë, (të) mbajnë; (të) blejmë, (të) blejnë; (të) vëmë, (të) vënë; (të) dimë, (të) dinë; (të) fshijmë, (të) fshijnë; (të) punojmë, (të) punojnë etj.

Po kështu, kryesisht për arsye morfologjike, shkruhen edhe foljet me temë më grup zanoresh, të ndjekur nga një **-j**:

(të) përziejmë, (të) përziejnë; (të) thyejmë, (të) thyejnë; (të) ruajmë, (të) ruajnë, (të) shkruajmë, (të) shkruajnë etj.;

i) trajtat foljore të shumësit të së kryerës së thjeshtë, të cilat dalin më një zanore:

lamë, latë, lanë (laj); *blemë, bletë, blenë* (blej); *bëmë, bëtë, bënë* (bëj); *fshimë, fshitë, fshinë* (fshij); *zumë, zutë, zunë* (zë); *hymë, hytë, hynë* (hyj) etj.;

j) trajta e vetës së tretë njëjës e mënyrës lidhore te të gjitha foljet, duke përfshirë edhe ato me tog zanor, ku **-ë**-ja shkruhet për arsye morfologjike:

të humbë, të lidhë, të mbjellë, të përmendë etj.;
të hyjë, të gjejë, të lajë, të pijë, të thajë etj.;
të përziejë, të shkruajë, të thyejë etj.;

k) pjesoret e foljeve me temë më zanore a më **-l, -ll, -r, -rr** dhe mbiemrat e nyjshëm të formuar prej tyre:

qarë, blerë, bërë, pirë, fryrë, mjelë, vjelë, mbjellë, sjellë, marrë, nxjerrë etj.;
(i, e) bërë, (i, e) pirë, (i, e) mbjellë, (i, e) nxjerrë etj.

Po kështu shkruhen edhe pjesoret si:
dhënë, ngrënë, qenë, thënë, vënë, zënë etj.

Pjesoret me temë më tog zanor, të cilat theksin e kanë në rrokjen e parafundit, shkruhen pa -ë në fund: *përzier, kryer, lyer, mësuar, punuar, shkruar* etj.

§ 9

Nuk shkruhen më ë fundore:

a) emrat dhe mbiemrat më **-ël, -ër, -ërr, -ëz, -ull, -ur**, të cilët në emëroren e pashquar të njëjësit nuk e kanë theksin në rrokjen e fundit:

bukël, gogël, pupël, thnegël etj.; *(i, e) ëmbël, (i, e) vogël* etj.;

dhelpër, gënjeshtër, motër, numër, zemër etj.; *(i, e) ashpër, (i, e) shurdhër, (i, e) verbër* etj.;

kokërr, puçërr, vjehërr etj.;

arkëz (arkë), *dhëmbëz* (dhëmb), *fshikëz* (fshikë), *gishtëz* (gisht), *lidhëz* (lidh), *mollëz* (mollë) etj.; *(i, e) bukurëz* etj;

hatull, kumbull, nofull, rregull, shpatull, tingull, tjegull, vetull etj.;

flutur, hekur etj.; *(i, e) bukur, (i, e) lumtur* etj.;

b) emrat dhe mbiemrat që në shumësin e pashquar dalin më një nga bashkëtingëlloret **-gj, -q, -j, -nj**, të prira nga një zanore, si në emërore, ashtu edhe në të gjitha rasat e tjera:

zogj, zogjve, zogjsh; të ligj, të ligjve, të ligjsh etj.;
fiq, fiqve, fiqsh; miq, miqve, miqsh; pleq, pleqve, pleqsh etj.;
bij, bijve, bijsh etj.;
drunj, drunjve, drunjsh; ftonj, ftonjve, ftonjsh; heronj, heronjve, heronjsh; hunj, hunjve, hunjsh; thonj, thonjve, thonjsh etj.

Shënim. Po kështu shkruhen pa -ë- para nyjës -të dhe mbaresave të shumësit emrat:

cjep (cjap) - *cjeptë, cjepve, cjepsh;*
desh (dash) - *deshtë, deshve* (por *deshësh*);
djem (djalë) - *djemtë, djemve, djemsh;*
dhen - *dhentë, dhenve, dhensh;*
qen (qen) - *qentë, qenve, qensh.*

c) trajtat rasore të shumësit të emrave dhe të mbiemrave që mbarojnë me dy bashkëtingëllore në emëroren e pashquar të shumësit, si edhe të atyre që mbarojnë me **-l, -r, -s, -z** (këta emra dhe mbiemra para nyjës -t të trajtës së shquar dhe para mbaresës -sh të rrjedhores marrin një -i-):

bujq - *bujqve, bujqish, bujqit;* **krushq** - *krushqve, krushqish, krushqit;* **peshq** - *peshqve, peshqish, peshqit;* **tirq** - *tirqve, tirqish, tirqit;* **ujq** - *ujqve, ujqish, ujqit;* **murgj** - *murgjve, murgjish, murgjit;* **të ëmbël** - *të ëmbëlve, të ëmblish, të ëmblit;* **të vegjël** - *të vegjëlve, të vegjlish, të vegjlit;* **etër** - *etërve, etërish, etërit;* **mbretër** - *mbretërve, mbretërish, mbretërit;* **i bukur** - *të bukurve, të bukurish, të bukurit;* **i egër** - *të egërve, të egrish, të egrit;* **i pjekur** - *të pjekurve, të pjekurish, të pjekurit;* **blerës** - *blerësve, blerësish, blerësit;* **ndihmës** - *ndihmësve, ndihmësish, ndihmësit;* **nëpunës** - *nëpunësve, nëpunësish, nëpunësit;* **nxënës** - *nxënësve, nxënësish, nxënësit;* **punonjës** - *punonjësve, punonjësish, punonjësit;* **sulmues** - *sulmuesve, sulmuesish, sulmuesit;* **shitës** - *shitësve, shitësish, shitësit;* **vendës** - *vendësve, vendësish, vendësit;* **njerëz** - *njerëzve, njerëzish, njerëzit* etj.;

ç) trajta e rrjedhores së pashquar të emrave që në shumës mbarojnë me zanore të theksuar:

§9 d, dh, e, ë

grash, kalash, shtëpish, byrosh, drush, sysh etj.
Po kështu shkruhen edhe:
më dysh (dy), *më trish* (tri), si edhe *dyfish, trefish* etj.;

d) mbiemrat e formuar me prapashtesat -(ë)m, -shëm:

i epërm (i epër), *i jashtëm* (jashtë), *i mesëm* (mes), *i ndryshëm* (ndryshe), *i nesërm* (nesër), *i sipërm* (sipër), *i sotëm* (sot), *i tashëm* (tash), *i tepërm* (tepër), *i vetëm* (vetë) etj.;
i ardhshëm, i brendshëm, i gatshëm, i këndshëm, i kujdesshëm, i ndershëm, i nevojshëm, i pafajshëm, i përbotshëm, i vjetshëm etj.;

dh) mbiemrat e formuar nga emra, numërorë e ndajfolje me theksin mbi rrokjen e parafundit:

(i, e) akullt (akull), *(i, e) avullt* (avull), *(i, e) hekurt* (hekur), *(i, e) misërt* (misër), *(i, e) panumërt* (numër), *(i, e) rregullt* (rregull), *(i, e) thekërt* (thekër), *(i, e) katërt* (katër), *(i, e) tepërt* (tepër) etj.;

e) pjesoret (dhe mbiemrat përkatës) më -ur, -ier, -yer, -uar:

(i, e) ardhur, (i, e) dashur, (i, e) veshur etj.; *(i, e) zier* etj.; *(i, e) kryer, (i, e) thyer* etj.; *(i, e) bluar, (i, e) zgjuar* etj.;

ë) trajtat e vetës së parë dhe të tretë të shumësit të së tashmes dëftore e lidhore të foljeve me temë më bashkëtingëllore ose më -ie:

(të) djegim, (të) djegin; (të) flasim, (të) flasin; (të) hapim, (të) hapin; (të) mbjellim, (të) mbjellin; (të) mbledhim, (të) mbledhin; (të) presim, (të) presin; (të) tjerrim, (të) tjerrin etj.;

(të) biem, (të) bien; (të) shpiem, (të) shpien; (të) shtiem, (të) shtien etj.;

f) trajtat e shumësit të së pakryerës së dëftores e të lidhores te të gjitha foljet:

(të) ecnim, (të) ecnit, (të) ecnin; (të) ishim, (të) ishit, (të) ishin; (të) kishim, (të) kishit, (të) kishin; (të) lyenim, (të) lyenit, (të) lyenin; (të) punonim, (të) punonit, (të) punonin; (të) ushqenim, (të) ushqenit, (të) ushqenin; (të) zinim, (të) zinit, (të) zinin etj.;

g) trajtat e shumësit të së kryerës së thjeshtë të foljeve me temë më bashkëtingëllore, si edhe trajtat e shumësit të kësaj kohe që përmbajnë një grup zanoresh:

humbëm, humbët, humbën; bindëm, bindët, bindën; lidhëm, lidhët, lidhën; dogjëm, dogjët, dogjën; ftohëm, ftohët, ftohën; ikëm, ikët, ikën; u kollëm, u kollët, u kollën; vdiqëm, vdiqët, vdiqën; gjetëm, gjetët, gjetën; u ngjitëm, u ngjitët, u ngjitën; pyetëm, pyetët, pyetën etj.;

përziem, përziet, përzien; thyem, thyet, thyen; rrëfyem, rrëfyet, rrëfyen; kënduam, kënduat, kënduan etj.;

gj) trajtat e urdhërores të foljeve që te kjo mënyrë e kanë temën më bashkëtingëllore:
bjer; çel, çelni; fol, folni; ec, ecni; hip, hipni; hyr;

ik, ikni; jep, jepni; lër; shpjer; shtjer; zër, përzër; zhduk, zhdukni etj.;

h) përemrat dëftorë *(i, e) atij, (i, e) këtij, (i, e) asaj, (i, e) kësaj*, si edhe përemrat pronorë *(i, e) tij, (i, e) saj* (dhe jo *i atijë, e sajë* etj.).

ZANORJA U

§ 10

Shkruhen me **-u-** në të gjitha rasat emrat dhe mbiemrat më **-ull, -ur,** si edhe fjalët e formuara prej tyre:

akull, akulli, akullit, akullin, akullore; kukull, kukulle, kukulla, kukullës, kukullën, kukullat, kukullave, kukullash; kumbull, kumbulle, kumbulla; mjegull, mjegulla, mjegullor, i mjegullt; nofull, nofulla, nofullën, nofullat; petull, petulla-t, petulloj; rrotull, rrotulla-t, rrotullash, rrotullohem; sqetull, sqetulla-t; shembull, shembulli, shembullit, shembullin, shembujt, shembujve, shembujsh, shembullor, (i, e) pashembullt*; shpatull, shpatulle, shpatulla-t; tingull, tingulli, tingullor, tingullimitues **; vetull, vetulla-t etj.;

---

* Në pajtim me shqiptimin e ngulitur prej kohësh fjala *shembëllej* dhe formimet prej saj, si edhe fjala *shembëlltyrë* shkruhen me **-ë-**.

) Në pajtim me shqiptimin e ngulitur prej kohësh fjalët *tingëlloj, tingëllim, tingëllimë, bashkëtingëllore*, të formuara nga fjala *tingull* duke u shpërngulur theksi nga **-i-ja e temës, shkruhen me **-ë-**.

(ujë) amull, amulli, mashkull, mashkullor-e etj;
flutur, fluture, flutura, fluturës, fluturën, fluturat, fluturave, fluturash, fluturak, fluturim; hekur, hekuri, hekurit, hekurin, hekura, hekurat, hekurave, hekurash, hekuros, hekurishte, i hekurt; lepur, lepuri, lepurit, lepurin, lepurush etj.;

(qytet) i bukur, (lule) të bukura, bukuri, bukurosh etj.

ZANORET I DHE Y

§ 11

Shkruhen me **i** dhe jo me **y** fjalët:

ai, bilbil, direk, fishek, frikë, gjilpërë, gjilpëryer, hipi, hipje, krimb, krimbet, krip, kripë, kripore, qilim, qime, rrip, sirtar, shpirt, shqip, shqipëroj, shqiptar, shqiptoj etj.

Shkruhen, përkundrazi, me **y** fjalët:

byzylyk, çyryk, dysheme, gjym, (i, e) gjymtë, gjymtoj, gjysmë, gjysmak, lëtyrë, lyp, lypës, tym, vyshket, zymbyl.

ZANORET U DHE Y

§ 12

Shkruhen me **u** dhe jo me **y** fjalët:

bufe, bulmet, bulmetore, burokrat, duel, duke (punuar), duzinë, fruta-t, (pemë) frutore, grunjëra, (i, e) grunjtë, gjurmë, gjurmashkë, gjurmoj, kurbet, parashutë, qurra, qurrash, sfungjer, temperaturë, tunel, turk, turqisht, turli.

Shkruhen me **y** dhe jo me **u** (as me **i**) fjalët:

bërryl, bylyk, byrazer, byrek, byro, cyle, çyrek, dybek, dyqan, dyshek, fryt, i frytshëm, frytdhënës, gjynah, myftar, myfti, mysafir, mysliman, myshteri, mytesarif, natyrë, natyralist, qymyr, (dhi) shytë, trysni, tyrbe, yndyrë, virtyt, xhybe etj.

GRUPE ZANORESH DHE DIFTONGJE
-IE- / -JE-

§ 13
Shkruhen me -ie-:
a) emrat, tek të cilët ky grup zanoresh ndiqet nga një bashkëtingëllore e lëngët (l, ll, r) dhe të gjitha fjalët e formuara prej tyre:

e diel, diell, miell, qiell, fier etj.;
diellor, përmiell, miellzim, qiellor, fierishtë etj.;

b) foljet, tek të cilat ky grup zanoresh ndiqet nga mbaresa -j:

ziej - zien, ziejmë, zieni, ziejnë; zieja, zieje, ziente, zienim, zienit, zienin; ziem, ziet, zien; ziekam, zieke...; (kam) zier;
përziej - përzien, përziejmë, përzieni, përziejnë; përzieja, përzieje, përziente, përzienim, përzienit, përzienin; përziem, përziet, përzien; përziekam, përzieke...; (kam) përzier;
ndiej - ndien, ndiejmë, ndieni, ndiejnë; ndieja, ndieje, ndiente, ndienim, ndienit, ndienin; ndiem, ndiet, ndien; ndiekam, ndieke...; (kam) ndier *.

---

*) Shkruhet me -je- në të gjitha trajtat folja ndjej (ia fal fajin dikujt), si edhe formimet prej saj: ndjesë, i ndjeri.

Trajtat e njëjësit të së kryerës së thjeshtë të dëftores dhe trajtat e dëshirores të këtyre foljeve shkruhen me **-je-**:

zjeva, zjeve, zjeu; zjefsha, zjefsh, zjeftë, zjefshim, zjefshi, zjefshin;

përzjeva, përzjeve, përzjeu; përzjefsha, përzjefsh, përzjeftë, përzjefshim, përzjefshi, përzjefshin;

ndjeva, ndjeve, ndjeu; ndjefsha, ndjefsh, ndjeftë, ndjefshim, ndjefshi, ndjefshin.

Trajtat pësore-vetvetore të së tashmes dhe të së pakryerës të këtyre foljeve shkruhen me **-i-**:

zihem, zihet, zihen etj.; *zihesha, zihej, ziheshin* etj.; *përzihem, përzihet, përzihen* etj.; *përzihesha, përziheshe, përziheshit* etj.; *ndihem, ndihet, ndihen* etj.; *ndihesha, ndihej, ndiheshim* etj.

Shënim. Të gjitha fjalët e formuara nga folja *ndiej* shkruhen me **-je-**:

i ndjeshëm, ndjesi, ndjenjë, parandjenjë etj.

c) foljet, te trajta përfaqësuese e të cilave ky grup zanoresh ndodhet në rrokje të hapur:

bie, *biem, bien;*
shpie, *shpiem, shpien;*
shtie, *shtiem, shtien.*

Në vetën e tretë njëjës të lidhores, në urdhëroren njëjës dhe në trajtat e shumësit të kësaj mënyre, kur bashkohen me trajtat e shkurtra të përemrit vetor, këto folje shkruhen me **-j-**:

të bjerë, të shpjerë, të shtjerë; bjer, shpjer, shtjer; bjermëni, bjeruni, shpjerini, shtjeruni etj.

Në vetën e dytë shumës të së tashmes dëftore, lidhore dhe urdhërore, në të pakryerën e dëftores dhe të lidhores, si edhe në trajtat pësore-vetvetore, këto folje shkruhen me -i-:

(të) bini, (të) shpini, (të) shtini; (të) bija, (të) bije, (të) binte; (të) shpija, (të) shpije, (të) shpinte; (të) shtija, (të) shtije, (të) shtinte; (të) bihet, (të) shpihet, (të) shtihet; (të) bihen, (të) shpihen, (të) shtihen; (të) bihej, (të) shpihej, (të) shtihej; (të) biheshin; (të) shpiheshin, (të) shtiheshin etj.

§ 14

Shkruhen me -je- foljet me temë më -l, -ll, -rr njësoj si edhe foljet e tjera të këtij tipi me temë më bashkëtingëllore (si *rrjedh, djeg, pjek, rrjep*); me -je- shkruhen edhe të gjitha fjalët e formuara prej tyre:

mjel, vjel etj.; *mbështjell, mbjell, përcjell, pjell, sjell, shtjell, vjell* etj.; *nxjerr, tjerr, çjerr* etj.; *mjelëse, vjelje* etj.; *mbjellje, mbjellës, përcjellës, përcjellje, pjellor, sjellje, ujësjellës* etj.; *tjerrje* etj., po ashtu si *djegës, bukëpjekës* etj.

Këto folje në vetën e dytë shumës të së tashmes dhe në të gjitha vetat e së pakryerës së dëftores e të lidhores, në urdhëroren dhe në trajtat pësore-vetvetore shkruhen me -i-:

(të) vilni; (të) vilja, (të) vilje...; vil; (të) vilet, (të) vilen; (të) vilej, (të) vileshin etj.;

(të) përcillni; (të) përcillja, (të) përcillje..; përcill; (të) përcillesh...; (të) përcillesha, (të) përcilleshe etj.;

(të) nxirrni; (të) nxirrja, (të) nxirrje...; nxirr; (të) nxirrem, (të) nxirresh; të nxirrej, të nxirreshin etj.

GRUPI YE

§ 15
Grupi **ye** shkruhet i plotë:

arsye, i arsyeshëm, arsyetoj, arsyetim, dyer, fëndyell, fyej, fyerje, fyell, gjilpëryer, krye, kryesi, kryesor, kryekëput, kryeneç, lyej, lyerje (por *lyrë*), përlyej, ngjyej, ngjyerje (por *ngjyrë*), i pëlqyeshëm, përkthyes. pyes, pyetje, pyetës, i rrëmbyeshëm, rryeshëm, i shkëlqyeshëm, shqyej, thyej, thyerje, thyesë, i pathyeshëm etj.

GRUPET UA, UE

§ 16
Grupi **ua** shkruhet i plotë:
a) tek emrat dhe mbiemrat si:

buall, buallicë, dragua, duaj, ftua, grua, hua, huazim, i huaj, muaj (por *mujor-e, tremujor-i, gjashtëmujor-i*), i përmuajshëm, përrua, shuall, thua etj.;

b) te foljet me temë më **-ua,** si:

bluaj - *bluan, bluajmë, bluani, bluajnë; bluaja, bluaje, bluante; bluanim, bluanit, bluanin; bluam, bluat, bluan; të bluash; bluakam, bluake, (kam) bluar* etj.; **dua** - *duam, duan, duaje, duajeni* etj.; **druaj** - *druan, druajmë, druanim, (jam) druajtur* etj.; **kruaj, quaj, ruaj, rruaj, shkruaj, shuaj** etj., si edhe te shumësi i së kryerës së thjeshtë, të habitorja dhe te pjesoret e foljeve me temë më -o: *mësuam, mësuat, mësuan; punuam, punuat, punuan; sulmuam, sulmuat, sulmuan; mësuakam, mësuake, mësuaka, mësuakemi, mësuakeni, mësuakan; punuakam, punuake, punuaka, punuakemi, punuakeni, punuakan; mësuar, pajtuar, përtuar, punuar, sulmuar, treguar* etj.*

§ 17

Shkruhen me **ue** emrat dhe mbiemrat foljorë të formuar me prapashtesat -s dhe -shëm nga folje me temë më -o / -ua; po kështu shkruhen edhe fjalët e formuara prej tyre:

botues-e, dëgjues-e, edukues-e, gatues-e, mësues-e, ndërtues-e, parashikues-e, pastrues-e, përpunues-e, plotësues-e, shkrues-e, vetëmohues-e, vetëshkarkues-e, vetëveprues-e etj.;

i afrueshëm, i dëgjueshëm, i gëzueshëm, i paharrueshëm, i papajtueshëm, i papërtueshëm, i pazëvendësueshëm, i shoqërueshëm, i vajtueshëm, i vazhdueshëm, i vijueshëm etj.

TAKIMI I DY ZANOREVE TË NJËJTA

§ 18

Kur në formim fjalësh takohen dy zanore të njëjta, ato shkruhen të dyja:

---

*) Të dallohen prej trajtave me **ye, ua** të foljeve të tipit *kryej, bluaj,* trajtat pësore-vetvetore, të cilat nuk kanë grup zanoresh: *kryhet, thyhet, bluhet, shkruhet* etj.

i paaftë, i paafrueshëm, i paanshëm, paanësi, i paapelueshëm, i paarmatosur, i paarrirë, deetimologjizim, kryeengjëll, antiimperialist, autoofiçinë, joobjektiv, joorganik, jooksidues, joorigjinal, mikroorganizëm etj.

APOSTROFI

§ 19

Apostrofi përdoret në këto raste:

a) Për të shënuar rënien e -**ë**-së fundore te trajtat e shkurtra të përemrave vetorë **më** dhe **të**, te pjesëza **të** e mënyrës lidhore, e kohës së ardhshme të dëftores si edhe te ndërtimet e ndryshme me pjesore (*për të, me të, një të* + *pjesore*) përpara trajtave të shkurtra të përemrave vetorë **i, u**, përpara trajtave të shkurtra përemërore **ia, iu, ju, jua, ua,** si edhe përpara pjesëzës **u** të trajtave pësore-vetvetore të foljeve.

Kështu shkruhen:

m'i dha; **t'i** dha; **t'i** shkruash shokut; **t'i** zbatosh rregullat; do **t'i** tregoja; do **t'i** them, për **t'i** pasur parasysh; me **t'i** thënë, u nis etj.;

të **m'u** bësh të fala; do **t'u** thuash; do **t'u** kisha thënë; do **t'u** përgjigjem; për **t'u** dhënë librat; me **t'u** dalë përpara; një **t'u** thënë, u ndalën etj.;

të **m'ia** numërosh një nga një; **t'ia** thuash; do **t'ia** tregoja; do **t'ia** njoftoj; për **t'ia** dalë në krye; me **t'ia** treguar; të mos **m'ia** prishni qejfin;

për **t'iu** përgjigjur thirrjes; me **t'iu** afruar, e njohu etj.;

duam **t'ju** *nderojmë;* do **t'ju** *kishim ftuar;* do **t'ju** *lajmërojmë;* do **t'ju** *lutesha;* për **t'ju** *ndihmuar;* me **t'ju** *njoftuar, nisuni* etj.;

duam **t'jua** *shpjegojmë juve;* do **t'jua** *kisha treguar;* do **t'jua** *di për nder;* për **t'jua** *lehtësuar punën juve;* me **t'jua** *sjellë veglat, filloni!* etj.;

të mos **m'ua** *prishni qejfin;* s'u *pëlqen* **t'ua** *kujtojmë;* do **t'ua** *kisha sjellë;* do **t'ua** *tregoj shokëve;* për **t'ua** *bërë të qartë nxënësve;* me **t'ua** *dhënë lajmin, u nisën* etj.;

nuk **m'u** *dha;* **m'u** *bë zemra mal; në* **m'u** *dhëntë rasti* etj.;

si **t'u** *duk?; mos* **t'u** *ndaftë e mira!;* **t'u** *bëftë pushka top!* etj.

Shënim. Shkruhen pa apostrof trajtat përemërore **ma, ta,** ku nuk kemi një rënie të ë-së, por një shkrirje dy zanoresh (më + e = ma; të + e = ta):

ma *dha librin;* **s'ma** *jepte;* **ma** *jep; jep***ma***; për të* **ma** *treguar; duke* **ma** *treguar; me të* **ma** *treguar; pa* **ma** *thënë; një të* **ma** *kujtuar* etj.

b) Pas pjesëzës mohuese s dhe pas përemrit ç:

s'*arrin;* **s'***erdhi;* **s'***e di;* **s'***është;* **s'***i tha;* **s'***u përgjegj;* **s'***bëri;* **s'***duhet;* **s'***presim;* **s'***thuhet;* **s'***mundem* etj.; **ç'***e do?;* **ç'***është?;* **ç'***i the?;* **ç'***do?;* **ç'***kërkon?;* **ç'***të dojë?;* **ç'***kohë e bukur!;* **ç'***zë i ëmbël!; e dimë se* **ç'***qëllim ka;* **s'***na tha se* **ç'***kërkonte* etj.

Shënim. Shkruhen pa apostrof përemri i pakufishëm **çdo** dhe përemri pyetës **çfarë,** si edhe fjalët e formuara prej tyre: **çdo** *nxënës;* **çfarë** *do prej meje?; nuk kuptoj* **çfarë** *thua?* etj.; **çfarëdo, çdonjëri, çdokush.**

c) Për të shënuar rënien e -ë-së tek nyjat e përparme **të, së** me kuptim pronor në rasat e zhdrejta të emrave *i ati, e ëma:*

(i, e) **t'***et, (i, e)* **s'***ëmës, me* **t'***ëmën.*

§ 20

Nuk përdoret apostrofi:

a) në të gjitha rastet e tjera, në të cilat **ë**-ja fundore e patheksuar ndiqet nga një fjalë që fillon me zanore, pavarësisht nga shqiptimi:

vajzë e urtë, fushë e bukur, shtëpinë e madhe, miqësisë e vëllazërisë, është e vërtetë, hanë e pinë, të enjten, vajzës së urtë, të ardhurat, në ato vende, në oborr, në arë, më erdhi keq, le të ikim, në iktë, më i madhi, që atëherë etj.;

b) në të gjitha fjalët që mbarojnë me një zanore tjetër **(a, e, i)**, kur ato ndiqen nga një fjalë a trajtë fjale që nis me zanore:

fusha e Myzeqesë, një lule e bukur, detyrë urgjente, zyrë eprore, mali i lartë, drejtori i shkollës, biri i nënës etj. (dhe jo *fush'e Myzeqesë, një lul'e bukur, mal'i lartë, drejtor'i shkollës, bir'i nënës* etj.);

c) në vetën e tretë njëjës e shumës të përemrave vetorë të thjeshtë (pa parashtesë), kur këta vijnë pas një parafjale:

me të, për të, me ta, për ta, me to, për to, prej tij, prej saj, prej tyre, prej sish, prej sosh etj. (dhe jo *me* 'të, për 'të, me 'ta, me 'to, për 'to, prej 'tij, prej 'saj, prej 'tyre, prej 'sish, prej 'sosh etj.);

ç) te trajtat e përemrave pronorë që nisin me s ose t (*sime, sonë, suaj, tim, time, tënd, tënde, tanë, tonë, tona, tuaj* etj.);

vajzës **sime**, *shkollës* **sonë**, *kooperativës* **suaj**, *jepjani* **suajës** etj.;
djalin **tim**; *e kam* **timin**; *shtëpinë* **time**; *në fshatin* **tënd**; *në rrugën* **tënde**; *e kemi* **tonin**; *shoqen* **tonë**; *shokët* **tanë**; *jemi* **tanët**; *dëshirat* **tona**; *qytetin* **tuaj**; *ne* **tonën**, *ju* **tuajën** etj.

THEKSI

§ 21

Në shkrimin e gjuhës shqipe, si rregull, nuk përdoret asnjë lloj theksi.

Në raste të veçanta, kur konteksti nuk arrin kurrsesi të mënjanojë ngatërrimin e kuptimeve ose nuk siguron shqiptimin e drejtë të fjalëve të ndryshme, mund të përdoret theksi i mprehtë (′).

II. DREJTSHKRIMI I BASHKËTINGËLLOREVE

BASHKËTINGËLLORET E ZËSHME NË FUND E NË TRUP TË FJALËS

§ 22

Bashkëtingëlloret e zëshme *b, d, dh, g, gj, v, x, xh, z, zh* shkruhen si të tilla, ashtu siç shqiptohen kur janë përpara një zanoreje, edhe kur gjenden në fund të fjalës ose në trup të saj përpara një bashkëtingëlloreje të shurdhët a përpara bashkëtingëllores n:

elb (elbi), *gjemb* (gjembi), *u kalb* (u kalba), *korb* (korbi), *lab* (labi), *rob* (robi); *invalid* (invalidi), *fund* (fundi), *kënd* (këndi), *hibrid* (hibridi), *mund* (mundi), *qind* (qindi), *standard* (standardi), *shkund* (shkunda), *vend* (vendi); *bredh* (bredhi), *dredh* (drodha), *gardh* (gardhi), *lidh* (lidhëm), *livadh* (livadhi), *ndodh* (ndodhet), *ndrydh* (ndrydhet), *zbardh* (zbardha); *breg* (bregu), *burg* (burgu), *djeg* (djegim), *larg* (i largët), *lëng* (lëngu), *i lig* (i ligu), *prag* (pragu), *shteg* (shtegu), *varg* (vargu), *zog* (zogu); *mos e digj* (digje), *ligj* (ligji), *u përgjigj* (u përgjigjën), *qengj* (qengji); *hov* (hovi), *urov* (urovi); *borxh* (borxhi), *tunxh* (tunxhi), *xhuxh* (xhuxhi); *bixhoz* (bixhozi), *brez* (brezi), *çamçakëz* (çamçakëzi), *dorëz* (dorëza), *filiz* (filizi), *gaz* (gazi), *hauz* (hauzi), *ndez* (ndeza), *njerëz* (njerëzit), *oriz* (orizi),

§23 a

pullaz (pullazi), *rrogoz* (rrogozi); *garazh* (garazhi), *shantazh (shantazhi)* etj.;

humbte, humbka, humbsha, humbni, i elbtë, labçe; mundte, mundka, mundsha, mundni, i mundshëm, vendqëndrim, vendstrehim, vendtakim; i bredhtë, mblidhte, mbledhka, mbledhsha, mblidhni; lagte, lagka, lagsha, lagni; digjte, digjni; hovte, hovka, hovtë, hovni, i hovshëm; ndizte, ndezsha, ndizni etj.

Shënim 1. Emrat *këndes* (këndesi), *mes* (mesi), *mëngjes* (mëngjesi) shkruhen me s fundore; po kështu edhe formimet prej tyre si *mesatar, mëngjesore* etj.

Shënim 2. Shkruhen me -s ndajfoljet e formuara me prapashtesën -as: *baras, barkas, befas, djathtas, fshehtas, fytas, haptas, këmbadoras, krahas, majtas, rishtas* (por: *barazi, barkazi, fshehtazi, haptazi, rishtazi* etj.).

SH / ZH / Ç NISTORE

§ 23

Fjalët me **sh / zh / ç** nistore shkruhen kështu:

a) me **sh-**, kur kjo ndiqet nga një bashkëtingëllore e shurdhët (**f, k, p, q, t, th** etj.):

shfajësoj, shfaq, shfaqje, shfaros, shfryj, shfrytëzoj; shkallmoj, shkarkoj, shkatërroj, (i, e) shkathët, shkëlqej, (i, e) shkëlqyer, shkëmbej, shkëput, shkombëtarizoj, shkoq, shkreh, shkrep, (i, e) shkrifët, shkrij, shkujdesem, shkul; shpalos, shpall, shpallje, shpërblim, shpërdorim, shpërndaj, shpjegoj, shpjegim, shpif, shpikje, shpoj, shporr, shprish, shpronësoj, shpyllëzim; shqep, shqetësoj, (i, e) shquar; shtjelloj, shtrydh; shthur, shthurje etj.;

b) me **zh-**, kur kjo ndiqet nga një bashkëtingëllore e zëshme (**b, d, g, gj, v**):

zhbart, zhbëj, zhbiroj, zhbllokoj; zhdavarit, zhdëmtoj, zhdoganoj, zhdredh, (i, e) zhdrejtë, zhduk; zhgënjej, zhgënjim, zhgërryej; zhgjakësohem, zhgjandërr; zhvat, zhvendos, zhvesh, zhvilloj, zhvillim, zhvleftësim, zhvoshk etj.

Shënim. Përemri **ç** tek të gjitha fjalët e formuara me pjesëmarrjen e tij, shkruhet kështu, pavarësisht nga bashkëtingëllorja që e pason: *çdo, çdokush, çdonjëri, çfarë, çfarëdo, i çfarëdoshëm, çka, diçka, gjithçka.*

c) me **ç-**, kur kjo ndiqet nga një zanore ose nga një bashkëtingëllore e tingullt (**l, ll, r, rr, m, n, nj, j**):

çarmatos, çarmatim; çorganizoj, çorganizim, çorientoj, çorientim etj.
çliroj, çlirim, çlirimtar, çlodhem, çlodhje; çregjistroj, çregjistrim; çrregulloj, çrregullim, (i, e) çrregullt, çrrënjosje; çmallem, çmend, çmendinë, (i, e) çmendur, çmësohem, çmos; çnderoj, çnderim, çngjyros; çnjerëzor; çjerr etj.

Shënim. Shkruhen me **sh-** fjalët *shmang, shlyej, shndërroj, shndrit* dhe ato që formohen prej tyre.

S, Z NISTORE

§ 24

Fjalët me **s, z** nistore, të ndjekur nga një bashkëtingëllore (disa prej të cilave shqiptohen ngandonjëherë edhe me **c** ose **x**), shkruhen kështu:

a) me **s-**, kur kjo ndiqet nga një bashkëtingëllore e shurdhët ose nga një bashkëtingëllore e tingullt (**m, n, l**):

sfakë, sfilit, sfrat, sfungjer, sfurk; skalit, skërfyell, skërkë, skërmit, skuq; spërkat, spërndrit; sqepar, squfur etj.;
smag, smalt, smaltoj, smat, smatos, smerald, smeril, smilar, smilat, smilatës, smirë, smirëzi, smiroj, smoking, smuqth-i, snob, snobizëm, slogan etj.;

b) me **z-**, kur kjo ndiqet nga një bashkëtingëllore e zëshme:

zbardh, zbaticë, zbath, zbavit, zbërthej, zbokth, zbraz, zbres, zbritje, zbukuroj, zbut; zdrukth; zgalem, zgavër, zgërbonjë, zgërdhihem, zgrip; zgjat, zgjedh, zgjyrë; zvarit, zverdhem, zvogëloj etj.

Në pajtim me shqiptimin më të përhapur, me **z-**shkruhen edhe foljet *zmadhoj, zmbraps*, si edhe fjalët e formuara prej tyre.

SHKRIMI I J-SË

§ 25

Shkruhen me **j**:

a) emrat ku **j**-ja ndërzanore i përket temës, si edhe fjalët e formuara prej tyre:

anije - *anija, anijes, anijen, anijet, anijeve, anijesh, anijetar;* **batanije** - *batanija, batanijes, batanijen, batanijet, batanijeve, batanijesh;* **dije** - *dija, dijes... dijeni, dijetar, i dijshëm vetëdije;* **fije** - *fija, fijes...*

fijezor-e, fijezoj, fijezim, fijor-e; **hije** - *hija, hijes... i hijshëm, hijeshi, hijesira-t, hijerëndë* etj.; **korije** - *korija, korijes* etj.; **krijesë, krijues; pije** - *pija, pijes, i pijshëm* etj.; **shije** - *shija, shijes* etj.;

bijë - *bija, bijës, bijën, bijat, bijave, bijash;* **fëmijë** - *fëmija, fëmijës, fëmijën, fëmijët, fëmijëve, fëmijësh, fëmijëri;* **mijë** - *mija, mijës* etj.; **nyjë** - *nyja, nyjës, nyjën, nyjat, nyjave, nyjash, i nyjshëm, (i, e) nyjëzuar, nyjëzim;* **pajë** - *pajime-t, pajis, pajisje, i pajisur;* **shkëndijë** - *shkëndija, shkëndijës, shkëndijim;* **ujë** - *uji, ujit... ujis, ujitje;* **vijë** - *vija, vijës... vijoj, përvijoj, vijim* etj;

çaj - *çaji, çajit, çajin;* **faj** - *faji, fajit, fajin;* **kallaj** - *kallaji, kallajit, kallajin, kallajis;* **lloj** - *lloji, llojit;* **maj** - *maji, majit, majin;* **skaj** - *skaji, skajit;* **vaj** - *vaji, vajit, vajin* etj.;

b) emrat femërorë që dalin më zanore të theksuar përveç -i-së, në të gjitha trajtat, kur zanorja e theksuar ndiqet nga një zanore tjetër:

kala, kalaja, kalaje; para, paraja, paraje; be, beja, beje; ide, ideja, ideje; re, reja, reje; rrufe, rrufeja, rrufeje; e ve, e veja, së veje; gjë, gjëja, gjëje; tablo, tabloja, tabloje; dru, druja, druje; dy, dyja, dyje, të dyja etj.;

por: *bukuri, bukuria, bukurie; cilësi, cilësia, cilësie; dashuri, dashuria, dashurie; dituri, dituria, diturie; dhi, dhia, dhie; li, lia, lie; liri, liria, lirie; ministri, ministria, ministrie; parti, partia, partie; rini, rinia, rinie; shtëpi, shtëpia, shtëpie; ushtri, ushtria, ushtrie; veti, vetia, vetie* etj.;

c) trajtat e gjinores, të dhanores e të rrjedhores

§25 ç, d, dh 45

njëjës të pashquar, si edhe të emërores njëjës të shquar të emrave që dalin më -o të patheksuar:

balo, (i, e një) baloje, baloja; dado (i, e një) dudoje, dadoja; depo, (i, e një) depoje, depoja; kakao (i, e një) kakaoje, kakaoja; kallo, (i, e një) kalloje, kalloja; kosto, (i, e një) kostoje, kostoja; pako (i, e një) pakoje, pakoja; pallto, (i, e një) palltoje, palltoja; radio, (i, e një) radioje, radioja; teto, (i, e një) tetoje, tetoja; tifo, (i, e një) tifoje, tifoja; torno, (i, e një) tornoje, tornoja etj.;

po kështu shkruhen edhe emrat e përveçëm të këtij tipi:

Bajo, Bajoja; Koço, Koçoja; Kristo, Kristoja; Misto, Mistoja; Pirro, Pirroja; Safo, Safoja; Vito, Vitoja; Kajro, Kajroja ; Kongo, Kongoja etj.;

ç) përemrat *(i, e) tij, i tiji, e tija, të tijtë, të tijat, (i, e) atij, (i, e) këtij.*

Shënim. Nuk shkruhet me **-j-** as në trajtën femërore, as në trajtën mashkullore pronori shumës i vetës së parë: *të mitë, të miat, (shokët) e mi, (shoqet) e mia.* Po kështu *të tria.*

d) trajta e shkurtër e përemrit vetor të vetës së tretë njëjës (**i**), kur i prapangjitet foljes, e bashkuar me një tjetër trajtë të shkurtër përemërore ose me pjesëzën **u** të pësore-vetvetores:

tregoja shokut; hapja derën mikut; ngjitju malit; përvishju kësaj pune; largoju së keqes; afrojuni mësuesit etj.;

dh) trajtat e vetës së parë e të tretë shumës të së tashmes së dëftores, të vetës së parë e të tretë njëjës e shumës të së tashmes së lidhores dhe të së ardhmes,

§25 dh

si edhe trajtat e vetës së parë e të dytë njëjës të së pakryerës dëftore, lidhore e kushtore të foljeve që në vetën e parë njëjës të së tashmes dëftore dalin më -aj, -ej, -ëj, -ij, -oj, -uj, -yj, -iej, -uaj, -yej:

laj - *lajmë, lajnë, (do të) laj, (do të) lajë, (do të) lajmë, (do të) lajnë, (do të) laja, (do të) laje,* **mbaj** - *mbajmë, mbajnë, (do të) mbaj, (do të) mbajë, (do të) mbajmë, (do të) mbajnë, (do të) mbaja, (do të) mbaje;* **qaj** - *qajmë, qajnë...;* **thaj** - *thajmë, thajnë...* etj.;

blej - *blejmë, blejnë, (do të) blej, (do të) blejë, (do të) blejmë, (do të) blejnë, (do të) blija, (do të) blije;* **dëfrej** - *dëfrejmë, dëfrejnë, (do të) dëfrej, (do të) dëfrejë, (do të) dëfrejmë, (do të) dëfrejnë, (do të) dëfreja, (do të) dëfreje* etj.;

bëj - *bëjmë, bëjnë, (do të) bëj, (do të) bëjë, (do të) bëjmë, (do të) bëjnë, (do të) bëja, (do të) bëje;*

arrij - *arrijmë, arrijnë, (do të) arrij, (do të) arrijë, (do të) arrijmë, (do të) arrijnë, (do të) arrija, (do të) arrije;* **fshij** - *fshijmë, fshijnë, (do të) fshij, (do të) fshijë, (do të) fshijmë, (do të) fshijnë, (do të) fshija, (do të) fshije;* **gdhij** - *gdhijmë, gdhijnë, (do të) gdhij, (do të) gdhijë, (do të) gdhijmë, (do të) gdhijnë, (do të) gdhija, (do të) gdhije;* **vij** - *vijmë, vijnë, (do të) vij, (do të) vijë, (do të) vijmë, (do të) vijnë, (do të) vija, (do të) vije* etj.;

qëndroj - *qëndrojmë, qëndrojnë, (do të) qëndroj, (do të) qëndrojë, (do të) qëndrojmë, (do të) qëndrojnë, (do të) qëndroja, (do të) qëndroje;* **punoj** - *punojmë, punojnë, (do të) punoj, (do të) punojë, (do të) punojmë, (do të) punojnë, (do të) punoja, (do të) punoje* etj.;

mbruj - *mbrujmë, mbrujnë, (do të) mbruj, (do*

§25 dh

të) mbrujë, (do të) mbrujmë, (do të) mbrujnë, (do të) mbruja, (do të) mbruje etj.;

fryj - *fryjmë, fryjnë, (do të) fryj, (do të) fryjë, (do të) fryjmë, (do të) fryjnë, (do të) fryja, (do të) fryje;* **ndryj** - *ndryjmë, ndryjnë, (do të) ndryj, (do të) ndryjë, (do të) ndryjmë, (do të) ndryjnë, (do të) ndryja, (do të) ndryje* etj.;

ndiej - *ndiejmë, ndiejnë, (do të) ndiej, (do të) ndiejë, (do të) ndiejmë, (do të) ndiejnë, (do të) ndieja, (do të) ndieje;* **përziej** - *përziejmë, përziejnë, (do të) përziej, (do të) përziejë, (do të) përziejmë, (do të) përziejnë, (do të) përzieja, (do të) përzieje* etj;

paguaj - *paguajmë, paguajnë, (do të) paguaj, (do të) paguajë, (do të) paguajmë, (do të) paguajnë, (do të) paguaja, (do të) paguaje;* **shkruaj** - *shkruajmë, shkruajnë, (do të) shkruaj, (do të) shkruajë, (do të) shkruajmë, (do të) shkruajnë, (do të) shkruaja, (do të) shkruaje* etj.;

lyej - *lyejmë, lyejnë, (do të) lyej, (do të) lyejë, (do të) lyejmë, (do të) lyejnë, (do të) lyeja, (do të) lyeje;* **kryej** - *kryejmë, kryejnë, (do të) kryej, (do të) kryejë, (do të) kryejmë, (do të) kryejnë, (do të) kryeja, (do të) kryeje* etj.

Shënim. Foljet që në vetën e parë të së tashmes dëftore dalin më zanore, si *ha, fle, lë, nxë, vë, zë, di, pi*, nuk shkruhen me **-j** as në vetën e parë e të tretë shumës të së tashmes dëftore e lidhore dhe të së ardhmes, as në vetën e parë e të dytë njëjës të së tashmes lidhore, as në urdhërore:

ha - *(do të) hamë, (do të) hanë; të ha, të hash; ha!;*
fle - *(do të) flemë, (do të) flenë; të fle, të flesh; fli!;*
lë - *(do të) lëmë, (do të) lënë; të lë, të lësh;*
di - *(do të) dimë, (do të) dinë; të di, të dish; di!*
etj.

§ 26

Shkruhen me **i** dhe jo me **j**:

a) trajtat rasore të njëjësit të shquar (me përjashtim të kallëzores), si edhe trajtat e gjinores, të dhanores e të rrjedhores së njëjësit të pashquar të emrave mashkullorë më **-ua** ose më **-a** të theksuar:

dragua - *(një) dragoi, (i, e) dragoit;* **ftua** - *(një) ftoi, (i, e) ftoit;* **krua** - *(një) kroi, (i, e) kroit;* **pallua** - *(një) palloi, (i, e) palloit;* **përrua** - *(një) përroi, (i, e) përroit;* **vargua** - *(një) vargoi, (i, e) vargoit* etj.;
baba - *(një) babai, (i, e) babait* (por *babanë*); **vëlla** - *(një) vëllai, (i, e) vëllait* (por *vëllanë*);

b) trajta e shkurtër e përemrit vetor të vetës së tretë (**i**), edhe kur bashkohet me një trajtë tjetër të shkurtër përemërore ose me pjesëzën **u** të pësore-vetvetores përpara foljes:

mos **ia** *trego;* **ia** *hapi zemrën;* **iu** *mbush mendja;* **iu** *ngjit malit; çmimet* **iu** *dhanë nxënësve më të mirë* etj.;

c) veta e tretë njëjës e së kryerës së thjeshtë të foljeve më **-oj** ose më **-uaj**:

harroi, luftoi, punoi, tregoi, vrapoi, zgjoi; shkroi etj.;

ç) fjalët e formuara prej temash më **-i** të theksuar me anë prapashtesash që fillojnë me zanore:
bashkiak, shtëpiak-e, shtëpiar, shtiak, triak, (zile) triare etj.

Shënim. Shkruhet *vetjak* (vete-vetja), *dyjar-e* (të dyja).

SHKRIMI I BASHKËTINGËLLORES H

§ 27

Duke u mbështetur në shqiptimin letrar dhe në traditën e shkrimit, shkruhen me **h**:

a) në fillim të fjalës:

ha, habit, halë, hamshor, hamullore, hap, harabel, hardhi, hardhucë, hark, hartë, harr, harroj, hedh, helm, hell, heq, herë, hero, hesht, heshtë, hënë, e hënë, hi, (i, e) hidhur, hije, hikërr, hingëllin, hinkë, hipi, hir, hirrë, hithër, hoje, i hollë, hop, hosten, hov, hu, hua, i huaj, hudhër, humb-as, hundë, hurdhë, hutoj, hyj etj.

Këtu hyjnë edhe një numër fjalësh të burimit turk:

haber, hajat, hajdut, hajmali, hajvan, hak, haliç, hall, hallë, hallkë, hallvë, hamall, hamam, hambar, han, haraç, harar, harem, harxh, hase, hasëll, hasm-i, hasude, hashash, hashure, hata, hatull, hava, havan, hejbe, hem... hem, hendek, hiç, hile, hise, hordhi, hoshaf, huq, hurmë, hyzmet etj.;

b) në fund të fjalës:

foljet e tipit *deh, fsheh, ftoh, grah, leh, mih, mpreh, ndih, ngreh, nxeh, njoh, rrah, shkreh, shoh* etj. në të gjitha trajtat e zgjedhimit të tyre: *fsheh, fshehim, fshihni, fshehin; fshihja, fshihje...; (u) fsheha, (u) fshehe...; fshihem, fshihesh...; fshihesha, fshiheshe...; fshehkam, fshehke...; fshehur* etj.;

emrat si *ah, gjah, gjynah, krah, moh, pah, pleh, shah, tezgjah* etj. në të gjitha trajtat e tyre: *krahu, krahut, krahun, krahët, krahëve, krahësh;*

c) në mes të fjalës:

trajtat pësore-vetvetore të foljeve me temë më zanore:

lahem, lahesh...; lahesha, laheshe...; lahu, lahuni; kthehem, kthehesh...; kthehesha, ktheheshe...; kthehu, kthehuni; bëhem, bëhesh...; bëhesha, bëheshe...; bëhu, bëhuni; fshihem, fshihesh...; fshihesha, fshiheshe...; fshihu, fshihuni; tregohem, tregohesh...; tregohesha, tregoheshe...; tregohu, tregohuni; mësohem, mësohesh...; mësohesha, mësoheshe...; mësohu, mësohuni; shtyhem, shtyhesh...; shtyhesha...; shtyheshe...; shtyhu, shtyhuni; përzihem, përzihesh...; përzihesha, përziheshe...; përzihu, përzihuni; ndihem, ndihesh...; ndihesha, ndiheshe...; ndihu, ndihuni etj.

Po kështu shkruhen edhe foljet si *dihas, gërhas, luhas, mahnit, nuhas, pohoj*, ashtu edhe emrat e mbiemrat si *grahmë, krehër, lehonë, i lehtë, llohë, vjehërr, vjehrra*.

Këtu hyjnë edhe një numër fjalësh të burimit turk: *aheng, ahur, bahçe, behar, çehre, duhan, kasaphanë, mahmur, mëhallë, muhabet, muhalebi, muhamedan, nahie, pehlivan, pehriz, qehaja, rehat, sahan, sahat, sehir, spahi, tahmin, tespihe, xhahil, xhevahir, zahire, zeher* etj.

Me **h** shkruhen edhe të gjitha fjalët e formuara prej fjalëve të përfshira në këtë paragraf:

hamendje, i hapët, harkëtar, harxhoj, hidhërim, hingëllimë etj.; *ftohje, i ftohtë, krahasoj, krehje, i krehur, lehtësi, luhatje, mohoj, ndihmë, ndihmës, ngrehinë, ngrohje, i ngrohtë, ngrohtësi, nuhatje, njohje, njohuri, rrahje, shkrehje* etj.; *gjahtar, plehëroj, shahist* etj.

§28 a

Shënim. Nuk shkruhen me **h** fjalët *arushë, avaz, avlli, eci, esëll, iki, memur, yll, vete - vetja, vetë* dhe formimet prej tyre: **përvetësoj, vetvete.**

FJALËT ME **RR**

§ 28

Duke u mbështetur në shqiptimin letrar të sotëm, shkruhen me **rr:**

a) në fillim të fjalës:

emrat: *rraboshtë-a, rradake, rrafsh, rrahës-i, rrah-u, rraketake, rrangulla, rrap, rrapëllimë, rraqe, rraskë-a, rrasht, rrashtë, rrathje, rravgim, rrebesh, rrebull, rreckë, rregull, rrem* (lopatë e barkës), **rremb** (degë, damar), *rrenë, rreng, rrepë, rresht, rreshter, rreth, rreze, rrezg-u, rrezik, rrezhde-ja, rrëcok-u, rrëfanë, rrëfenjë-a, rrëfim, rrëgallë, rrëkajë, rrëke-ja, rrëmet, rrëmore, rrëmujë, rrëndës, rrënxak, rrënjë, rrëpirë, rrëqebull, rrëshaje-t, rrëshek, rrëshiq, rrëshirë, rrëzall, rrëzë, rrip, rriqër, rriskë, rrjetë, rrobë, rrobull, rrodhe, rrogë, rrogoz, rrojë-a, rrokje, rrokull, rropamë, rropulli, rrotë, rrozgë, rruaza, rrudhë, rrufe, rrufë, rrugë, rrungajë, rrush, rrushkull, rruzull, rryell, rryl, rrymë, rrypinë* etj.;

mbiemrat: *(i, e) rrallë, (i, e) rremë, rremash, (i, e) rreptë, (vezë) rrufkë* etj.;

foljet: *rrah, rrapëllij, rras, rravgoj, rrej, rrekem, rreshk, rrëfej, rrëgjoj, rrëkëllej, rrëmbej, rrëmih, rrënoj, rrëqethem, rrëshqas, rrëzoj, rri, rrit, rrjedh, rrjep, rroj, rroftë, rrok, rrokullis, rropatem, rruaj* (p.sh. *rruaj mjekrën,* por *ruaj shtëpinë)*, *rrudh* etj.;

ndajfoljet: *rrallë, rreth e rrotull, rrokopujë, rrotull, rrumbull, rryeshëm* etj.;

b) në mes të fjalës:

emrat: *arrë* (pema), *barrë, bërryl, birrë* (pija), *burrë, curril, ferrë, furrë, furrik, harrje* (insekti), *hirrë, karrige, karroqe, kërrabë, kërriç, korrik, kurrillë, kurriz, mëshqerrë, murrash-i, murriz, murrjelë, përrallë, përrua, qerre* (mjet transporti, por *qere* «sëmundje e lëkurës»), *qurra, skëterrë, sorrë, sharrë, shkurre, shtjerra, turrë, thërrime, varrë, zorrë* etj.;

mbiemrat: *kërrutë, (i, e) murrët, (i, e) pjerrët, sterrë, (i, e) vocërr* etj.;

foljet: *arratisem, arrij, dërrmoj, gërryej, harroj, kërret, kërrus, ndërroj, ngatërroj, ngurroj, picërroj, shkarravit, shkatërroj, turrem, thërres, thërrmoj, urrej, (dhia) vërret* etj.;

ndajfolja *kurrë;*
pasthirrma *urra!;*

c) në fund të fjalës:

emrat: *berr, curr, derr, djerr, dokërr, ëndërr, gabzherr, horr, kandërr, kokërr, kotorr, morr, oborr, qarr, qorr, sherr, terr, tmerr, turr, varr, vjehërr, zjarr, zhavorr* etj.;

foljet: *bjerr* (por e kryera e thjeshtë *bora*), *çjerr* (por *çora*), *korr, marr* (por *mora*), *nxjerr* (por *nxora*), *ngurr, përmjerr* (por *përmora*), *(të)harr, tjerr* (por *tora*), *tkurr* etj.

Me **rr** shkruhen edhe fjalët e formuara prej fjalëve të përfshira në këtë paragraf:

§28 c

bjerraditë, bjerrafat, burracak, burrëri, djerrinë, errësoj, (i, e) errët, ëndërroj, ferraç, ferrishte, (i, e) kërrusur, kokrrizë, (makinë) korrëse, korrje, kurrizor, kurrkund, kurrsesi, manaferrë, (i, e) marrë, marrëdhënie, marrëveshje, marros, mburracak, mburrem, mburrje; murrëtehem, ndërresa, ndërmarrje, ngurrim, oborrtar, pjerrësi, qorrazi, (i, e) rrafshët, rrafshim, rrafshinë, rrafshnaltë, rrafshoj, rrafshultë, rrallëherë, rralloj, rrapishtë, rrasallis, (i, e) rrasët, rreckos, rregullisht, rregulloj, (i, e) rregullt, rreptësi, rreptësisht, rreshk-u, (i, e) rreshkët, rreshtim, rreshtoj, rreshtor, rrethanë, rrethatore, rrethe-ja, rrethim, rrethina-t, rrethoj, rrethojë, rrezatoj, rrezikoj, i rrezikshëm, (i, e) rrëgjuar, rrëmbim, i rrëmbyeshëm, rrënim, rrënjëdalë, rrënjës, rrënjësisht, rrënjësor, rrënjos, rrëshqanë, rrëshqanor, (i, e) rritur, rrjedhë, rrjedhës-e, rrjedhim, rrjedhore, rrjedhshëm, rrjepacak, rrobaqepës, rrogëtar, rrojtore, rrotullim, rrotulloj, rrotullues, (i, e) rruar, (i, e) rrudhët, rrufepritës, rrugaç, (i, e) rrumbullakët, rrumbullakoj, rrumbullos, rruzullim, sipërmarrje, sharroj, shkarravinë, shndërroj, tjerrës, tkurrje, tmerroj, turravrap, thirrje, thirrore, urrejtje, varreza, varrim, varros, vocërrak etj.

Shënim: Nuk shkruhen me **rr** fjalët *karotë, ngurosem, i ngurtë, racë, radhë, rebel, remtar, resht* (pushoj) dhe formimet prej saj: *reshtje, (i, e) pareshtur; regjistër, rënkoj, rol, romak, ryshfet, shter* dhe formimet prej saj: *shteroj, i pashtershëm*.

NJ-JA NË TRUP E NË FUND TË FJALËS

§ 29

Shkruhen me **nj** e jo me **j**:
a) emrat femërorë me **nj** në trup të fjalës:

banjë, bitonjë, brinjë, finjë, gështenjë, mushkonjë, rrëfenjë, rrënjë, shkronjë, shushunjë, thinja-t, ujkonjë, zonjë etj.;

b) mbiemrat e formuar nga një temë më -**nj**:

(i, e) florinjtë, (i, e) drunjtë, (i, e) grunjtë, (i, e) penjtë etj.; po kështu *(i, e) shenjtë, (i, e) shtrenjtë;*

c) trajtat e shumësit të emrave mashkullorë më zanore të theksuar ose më -**ua**:

arinj (ari), *barinj* (bari), *batakçinj* (batakçi), *çiliminj* (çilimi), *kallajxhinj* (kallajxhi), *kallinj* (kalli), *kërcinj* (kërci), *kushërinj* (kushëri), *minj* (mi), *mullinj* (mulli), *sharrëxhinj* (sharrëxhi), *turinj* (turi), *ullinj* (ulli) etj.; po kështu shkruhet shumësi i mbiemrave më -**i** të theksuar: *të rinj* (i ri) etj.;

budallenj (budalla), *maskarenj* (maskara) etj.;
heronj (hero) etj.;
drunj (dru), *hunj* (hu), *kërcunj* (kërcu) etj.;
dragonj (dragua), *ftonj* (ftua), *përrenj* (përrua), *thonj* (thua) etj.

Me -**nj** shkruhen edhe trajtat e shumësit të emrave mashkullorë si *gjarpinj, gjarpërinj* (gjarpër), *lëmenj* (lëmë), *lumenj* (lumë), *priftërinj* (prift), *shkëmbinj* (shkëmb), *thelpinj* (thelb) etj.

Shënim. Shkruhen me -**j** shumësat: *kufij* (kufi), *të këqij, të këqija* (i keq, e keqe).

GRUPE BASHKËTINGËLLORESH

MB, ND, NG, NGJ

§ 30

Grupet e bashkëtingëlloreve **mb, nd, ng, ngj** shkruhen të plota si në fillim, ashtu edhe në trup e në fund të fjalës:

mb: *mbaj, mbaroj, mbesë, mbetem, (për)mbi; mbij, mbjell, mbush, mbyt; dhëmbët, i ëmbël, këmbë, kumbull, thembër; gjemb, humb, krimb, plumb, shkëmb* etj.;

nd: *ndaj, ndej, nder, ndesh, ndër, ndërmarrje, ndërmjetës, ndërtoj, ndihmoj, ndjek, ndjell, ndodhem, ndrag, ndriçoj, nduk; andej, këndej, këndoj, mandej, mundoj, përmendsh, prandaj, sandall* (mjet lundrimi); *asgjëkund, askënd, fund, kurrkund, kuvend, mend, mund, përmend, vend* etj.;

ng: *nga, ngacmoj, ngarkesë, ngarkoj, ngastër, (i, e) ngathët, nge, ngel, ngij, (i, e) ngordhur, ngricë, ngroh, ngryset, ngul, ngushticë, ngut; brengë, këngë, kungull, i mangët, mëngë, i shtangët, shtëllungë, trangull; bung, cung, deng, peng, shmang, trung* etj.;

ngj: *ngjaj, ngjalë, ngjall, i ngjashëm, ngjesh, ngjit, ngjyej, ngjyrë; engjëll, tungjatjeta, thëngjill, ungjill; qengj, ungj* etj.

TAKIME BASHKËTINGËLLORESH

TAKIMI I T-SË ME SH-NË

§ 31

Te mbiemrat e formuar me prapashtesën **-shëm** dhe te trajtat e dëshirores, kur **sh**-ja e prapashtesës takohet me **-t**-në e temës, shkruhen që të dyja këto bashkëtingëllore (pa u asimiluar në ç):

i begatshëm, i çuditshëm, i mërzitshëm, i ndritshëm, i përbotshëm, i përditshëm, i përmotshëm, i përshpirtshëm, i përshtatshëm, i përvitshëm, i sotshëm, i vjetshëm etj.;

arritsha, arritsh, arritshim, arritshi, arritshin; ditsha, fjetsha, futsha, goditsha, gjetsha, këputsha, matsha, mbetsha, mbytsha, ndritsha, ngritsha, ngutsha, pritsha, shëtitsha, tretsha, vërtitsha, vërvitsha etj.; por: *paça, vajça.*

Shënim. Në pajtim me shqiptimin e sotëm letrar, shkruhen me ç: *i moçëm; fëmija është pesë vjeç*, por: *para (pas) dhjetë vjetësh*.

TAKIMI I G-SË OSE I N-SË ME J-NË

§ 32

Fjalët dhe trajtat e fjalëve me theks në rrokjen e parafundit, tek të cilat takohet **g**-ja ose **n**-ja e temës me **j**-në e prapashtesës a të mbaresës, shkruhen me **i** dhe jo me **j**, për të mënjanuar shqiptimin e këtyre dy shkronjave si një tingull i vetëm (**gj** ose **nj**):

djegie, lagie, shmangie, shtangie; biologe *biologia,* filologe *filologia,* gjeologe *gjeologia,* kirurge *kirurgia,* pedagoge *pedagogia,* pedologe *pedologia,* radiologe *radiologia;* (unë) *lagia,* (ti) *lagie;* (unë) *shmangia,* (ti) *shmangie* etj.;

ánie, dhënie, kundërthënie, kundërvënie, lënie, marrëdhënie, ngrënie, paradhënie, parathënie, pasthënie, qenie, rënie, thënie, zënie etj.; *dibrania, indiania, italiania, koreania, partizania, shkodrania* etj.

TAKIMI I D-SË, S-SË, T-SË OSE I Z-SË ME H-NË

§ 33

Fjalët e prejardhura ose të përbëra, tek të cilat takohet **d**-ja, **s**-ja, **t**-ja ose **z**-ja me një **h** që vjen pas tyre, shkruhen pa ndonjë shenjë ndarëse midis pjesëve përbërëse (por ruhet shqiptimi i veçuar i shkronjave të mësipërme):

i herëpashershëm, meshollë, moshapje, moshyrje; shtathedhur; brezhumbur, gazhedhëse etj.

Po kështu shkruhen edhe emrat e përveçëm ku ka takime të tilla: *Bethoven, Ethem, Mithat* etj.

TAKIMI I D-SË ME T-NË

§ 34

Kur në formim fjalësh ose trajtash takohet një **d** me një **t**, shkruhen të dyja këto bashkëtingëllore:

(i, e) argjendtë, (i, e) njëmendtë, (i, e) njëqindtë,

(i, e) pesëqindtë, i treqindti etj.;

mendtë; ai po e bindte; në e bindtë; po endte; në u gjendtë; lindte; në lindtë djalë; nuk mundte; në mundtë; rendte; në rendtë; shkundte; në shkundtë; tundte; në tundtë etj.

TAKIMI I DY SHKRONJAVE TË NJËJTA

§ 35

Kur në formim fjalësh a trajtash takohen dy shkronja të njëjta, njëra prej të cilave mund të bëjë pjesë në një dyshkronjësh, ato shkruhen të dyja:

kënddrejtë, nënndarje, kundërrevolucionar, kundërreformë, mossulmim, zëvendëssekretar; në arrittë; në mos e godittë; e gjettë e mira; në u mbyttë; ndrittë; në më prittë; në pyettë; në u trettë etj.;

i kujdesshëm, passhkrim, i pjesshëm, leshhollë, shpeshherë, mishshitës, veshshkurtër etj.

Shënim 1. Kur takohen shkronjat r me rr dhe l ose ll me ll, shkruhet vetëm rr ose ll: *përreth; dembellëk, fodullëk, hamallëk, jeshillëk* etj.

Shënim 2. Lidhëza *pasi (mbasi)*, e formuar nga pas+si (mbas+si), shkruhet me një s.

Shënim 3. Trajta e vetës së tretë njëjës e së pakryerës dëftore, lidhore e kushtore të foljeve me temë më -t, në përputhje me shqiptimin e sotëm letrar shkruhet me -st dhe jo me -tt: *(do të) fliste, (do të) godiste, (do të) maste, (do të) ngjiste, (do të) nuhaste, (do të) paraqiste, (do të) përshtaste, (do të) priste, (do të) shëtiste, (do të) vriste, (do të) zbriste, (do të) zbuste, (do të) zgjaste* etj.

III. DISA TIPA FJALËSH ME PREJARDHJE TË HUAJ DHE EMRASH TË PËRVEÇËM TË HUAJ

§ 36

Fjalët me prejardhje të huaj që kanë hyrë në gjuhën tonë kryesisht pas Shpalljes së Pavarësisë, në përgjithësi nëpërmjet gjuhës së shkruar, dhe që i takojnë sidomos terminologjisë tekniko-shkencore, shkruhen kështu:

a) Fjalët që kanë -ia-, -ie-, -io-, -iu-, me i të patheksuar në trup të tyre, shkruhen me **-ia-, -ie-, -io-, -iu-** dhe jo me -ja-, -je-, -jo-, -ju-:

-ia-: *amiant, australian, austriak, aviator, aziatik, ballkaniadë, bolivian, brazilian, diabet, diagnozë, diagonale, diagramë, dialekt, dialektik, dialog, diamant, diametër, diapazon, diapozitiv, diare, diatezë, dhiatë, elegjiak, financiar, ftiziatër, gjenial, gjeorgjian, imperialist, indonezian, industrial, iranian, italian, (kalendari) gregorian, (kalendari) julian, kambial, kardiak, kolonial, kolonializëm, material, materializëm, miliard, olimpiadë, pediatër, piano, pianist, psikiatër, racial, special, specialist, variant* etj.;

-ie-: *ambicie, arie, bankier, dietë, hierarki, hie-*

roglif, higjienë, kantier, karrierë, karrocier, magazinier, malarie, materie, minierë, mumie, pionier, portier, tastierë, variete etj.;

-io-: *agresion, agjitacion, aksiomë, aksion, aluzion, ambicioz, antibiotik, aviacion, bakteriolog, batalion, bibliotekë, bilion, biografi, biologji, delegacion, dioqezë, disertacion, dispozicion, diversion, ekspresionizëm, fiziologji, fizionomi, funksion, idiomë, idiot, iluzion, impresionizëm, injeksion, kamion, kinostudio, koleksion, komision, komunikacion, koncesion, legjion, leksion, lokucion, milion, miop, mision, nacionalizim, nocion, racionalizim, radio, reaksion, reaksionar, recension, revolucion, sanksion, seksion, sesion, simbiozë, stacion, studio, televizion, version, violinë* etj.;

-iu-: *akuarium, barium, helium, herbarium, iridium, kalcium, kalium*, po kështu *kolokuium; koniunkturë, magnezium, moratorium, natrium, silicium, simpozium, stadium* etj.

Po kështu shkruhen edhe emrat e përveçëm të huaj të tipave të mësipërm:

Diana, Iliada, Miltiadi, Oktaviani, Santiago; Danieli, Lavuazie, Molieri, Robespieri, Sevilie; Berliozi, Diogjeni, Diokleciani, Etiopia, Hesiodi, Niobe, Tokio, Violeta etj.

Shënim. Shkruhen me **-ja-, -je-, -jo-, -ju-** fjalë si: *havjar, plejadë; adjektiv, bjellogardist, konvejer, medalje, objekt, objektiv, objektivizëm, projekt, sovjet, sovjetik, subjekt, subjektiv, subjektivizëm, trajektore, vjenez; bajonetë, fjord, major, rajon, pavijon; adjudikatë, adjutant* etj.

b) Fjalët dhe emrat e përveçëm që nisin me togjet e mësipërme, shkruhen me **ja-, je-, jo-, ju-**:

jafetik, jaht, jamb, janki, japigët, jard; jeniçer,

§36 c, ç

jezuit; jod, jon, jonizim; jug, juri, juridik, jurisprudencë, jurist, justifikim etj.;

Jakutia, Jalta, Jasoni; Jemen, Jenisei, Jeronim, Jerusalem; Jokasta, Jokohama, (deti) Jon, Jordan; Jupiteri, Justiniani, Juvenali etj.

c) Fjalët dhe emrat e përveçëm me **aj, ej, oj, uj** shkruhen me **j** kur këto grupe janë në trup të tyre, por me **i** kur grupet në fjalë janë fundore:

lajtmotiv, kombajnë, kombajner; fejton, konvejer, trolejbus, volejboll; bojkotoj, trojka etj.;

Azerbajxhan, Bajkal, Bajron, Hajnan, Hajne, Kajro, Lajpcig, Majer, Malajzia, Sajgon, Tajlandë, Tajvan, Versajë, Xhamajka; Bejrut, Cejlon, Marsejë, Rejkjavik, Rio-de-Zhanejro; Llojd, Rojter, Troja; Kujbishev etj.;

Havai, Kolontai, Mamai, Paraguai, Shangai, Uruguai; Bombei, Broduei, Faradei, Jenisei, Koçubei, Sergei, Sidnei; Hanoi, Koshevoi, Sedoi, Tolstoi etj.; por *tramvaj, hokej, koktej, kauboj.*

ç) Fjalët dhe emrat e përveçëm me burim prej greqishtes së vjetër, që në këtë gjuhë kanë **y** (ipsilon), shkruhen me **i**:

amidon, analizë, anonim, antonim, antroponim, asintetik, bariton, brakicefal, cinik, daktilografist, dinamo, dinasti, distik, distrofi, dizenteri, dolikocefal, ekinokok, elektrolizë, etimologji, faring, filogjenezë, fizikë, fiziologji, fizionomi, ftiziatër, glicerinë, gjimnastikë, gjimnaz, gjinekolog, hidrocentral, hidrogjen, himn, hiperbolë, hipertension, hipnotizim, hipokrit, hipotekë, hipotenuzë, homonim, idil, katalizator, klorofil, kriptogram, kristal, ksilofon, laring, limfë, linotip, mar-

tir, metonimi, mister, mistik, mit, mitologji, mizantrop, nimfë, oksigjen, olimpiadë, pirik, pirografi, poligjenezë, politeknik, psikiatri, psikik, psikolog, ritëm, silogjizëm, simbiozë, simbol, simfoni, simetri, simpati, simptomë, sinagogë, sinekdokë, sinkroni, sinonim, sinoptik, sintagmë, sintaksë, sintezë, skit, stilistikë, stilograf, tip, tipografi, tiran etj.

Po kështu shkruhen edhe emrat e përveçëm të kësaj kategorie, si edhe fjalët e formuara prej tyre: *Asiri-a, Bizanti, Egjipti, Frigji-a, Kiri, Libi-a, Mikenë-a, Olimp-i, Polib-i, Polinezi-a, Siri-a, Skiti-a; asirian, bizantin, egjiptian, frigas, libian* etj.

d) Fjalët dhe emrat e përveçëm, kryesisht me burim grek, latin a iliro-trak me **au, eu** shkruhen edhe në shqipen me **au, eu**:

audiencë, auditor, autarki, autentik, autobus, autokrat, autokton, automat, automobil, autonomi, autopsi, (kisha) autoqefale, autor, autoritet, autorizim, autostradë, kozmonaut, maurët, mauzole, tautologji etj.; *eufemizëm, eufoni, eufori, eukalipt, eunuk, euritmi, leucemi, leukocite, neurolog, neurologji, neuromë, neuron, neutral, neutron, pleur-a, pleurit, pseudonim, reumatizëm* etj.

Po kështu shkruhen edhe emrat e përveçëm të tipave të mësipërm:

Audata, August-i, Aurora, Australi-a, Centaur-i, Glauk-u, Kaukaz-i, Mauritani-a etj.; *Euripidi, Eube-ja, Euklid-i, Pleurat-i, Teuta* etj.

Shënim. Në pajtim me shqiptimin e ngulitur prej kohësh, shkruhen me **v**: *Evropë, evropian, nevralgji, nevralgjik, nevrasteni, nevrastenik, nevrik*.

dh) Fjalët dhe emrat e përveçëm të burimit latin--roman me **kua, kue, kui, kuo** shkruhen me tog zanor (**ua, ue, ui, uo**):

akuarel, ekuacion, ekuator, kuadër, kuadrat, kuadraturë, kualifikim, kualifikoj, (teoria e) kuanteve, kuarc, kuartet, (epoka) kuaternare etj.;
kuestor, kuesturë, sekuestrim, sekuestroj etj.;
ekuilibër, ekuinoks, ekuivalencë, ekuivalent, kolokuium, kuintal, kuitancë, kuintesencë, kuintet, Kuintiliani, rekuiem etj;
kuorum, kuotë, kuotizacion etj.

e) Fjalët e huaja me **-oo-** shkruhen me **-oo-** edhe në shqipen:

alkool, kooperativë, kooptoj, koordinatë, zoogjeografi, zoolog, zoomorfizëm, zoopatologji, zooteknik etj.

ë) Në pajtim me shqiptimin e sotëm letrar, fjalët me burim nga latinishtja a nga gjuhët romane, si edhe nga greqishtja, të cilat në gjuhën shqipe kanë një **c** të ndjekur nga zanorja **e** ose **i**, shkruhen me **c** dhe jo me **ç** a me **s**:

acetik, acetilen, celebrim, celebroj, celofan, celsius, celulë, celulozë, censurë, centilitër, centimetër, central, centralist, centralizoj, centurion, cerebral, ceremoni, certifikatë, cezurë, docent, dolikocefal, kancelar, koncept, koncert, koncesion, leucemi, lice, procedoj, procedurë, proces, tercet etj.;
agjenci, agjitacion, cikël, ciklamin, ciklik, ciklon, ciklostil, cilindër, cilindrik, cinik, cinizëm, cinkograf, cinkografi, cirilik, cirk, cisternë, citat, citoj, citrat, civil, deficit, delegacion, elektricist, garanci, incizoj, kla-

sicist, klasicizëm, konciz, laicizëm, nacional, provincial, publicist, publicistikë, racion, recension, revolucion, social, socialist, special, specialist, stoicizëm, suficit, teoricien, terciar etj. Po kështu shkruhet *bilanc-i* (dhe jo *bilanç-i*).

Në pajtim me këtë rregull edhe emrat e përveçëm të kësaj kategorie shkruhen me **c**:

Barcelona, Centauri, Cerberi, Cezari, Cikladet, Ciklopi, Cincinati, Horaci, Lukreci, Marciali, Mecena, Sicilia (po kështu *sicilian*) etj.

Shënim 1. Në pajtim me shqiptimin e ngulitur prej kohësh, shkruhen me **ç**: *biçikletë, çiklist, çiklizëm, çimento, motoçikletë*.

Shënim 2. Shkruhen me **s** fjalët: *dispensë, mensë*.

Shënim 3. Shkruhen me **k** fjalët: *keltët, keltishtja, kibernetikë, kimograf, kinema, makinë, makineri, makinist* dhe me **q** fjalët: *autoqefal, dioqezë, Maqedoni-a, maqedonas, qeramikë*.

f) Shkruhen me **d, t** e jo me **dh, th** fjalët ndërkombëtare me burim nga greqishtja e vjetër si:

anhidrik, anodë, daktilik, dekagram, dekametër, deltë, demografi, demokraci, demon, despot (sundimtar absolut), *despotik, diademë, diafragmë, diagnozë, diagonale, dialekt, dialektikë, dialog, diamant, diametër, diatezë, didaktik, didaskalik, diplomaci, diplomat, diplomë, disk, hidrogjen, katodë, metodë, olimpiadë, ortopedi, pedagog, pedagogji* etj.;

antipati, antologji, antropolog, apati, apoteozë, aritmetikë, aritmi, artrit, ateist, ateizëm, atlet, atletikë, ditiramb, entuziazëm, epitet, estetikë, eter, etnografi, etnos, hipotekë, hipotenuzë, hipotezë, kartotekë, litur-

gji, maratonë, metil, paleontologji, patolog, patos, politeizëm, ritëm, simpati, sintezë, telepati, temë, teologji, teoremë, teori, terapi, termik, termodinamikë, termometër, termos etj.

Shkruhen me **d, t** edhe emrat e përveçëm grekë e romakë të tipave të mësipërm:

Adonis, Afërdita, Alkibiadi, Dedali, Delfi, Demetra, Demokriti, Demosteni, Diodori, Diogjeni, Diomedi, Dioskurët, Dodona, Driadat, Edesa, Epaminonda, Fedra, Heliodori, Herodoti, Hesiodi, Hidra, Iliada, Gadishulli Kalkidik, Kolkida, Leonida, Medeja, Miltiadi, Odiseu, Pelidi, Pindari, Simonidi, Teodoriku etj.;

Atena, Etiopia, Itaka, Jugurta, Kartagjena, Korinti, Maratona, Metodi, Mitridati, Prometeu, Skitia, Teba, Teodosi, Teokriti, Termopilet, Tesalia, Tesprotia, tesprotët, Teti, Tezeu, Trakia, Zakinti etj.

Shënim. Në pajtim me shqiptimin e ngulitur prej kohësh, shkruhen me **dh, th** (dhe jo me **d, t**) fjalët dhe emrat e përveçëm që janë kryesisht të përdorimit popullor: *dhaskal, dhespot* (titull fetar), *dhiqel, dhisk* (= tabaka), *dhjak, idhull, llambadhë; themel, thimjam* etj.; *Alqiviadh, Dhimitër, Dhimosten; Athina, Athinë, Kleanth, Thanas, Themistokli, Theodhor, Theohar* etj.

g) Në pajtim me shqiptimin e sotëm letrar, fjalët që burojnë kryesisht nga greqishtja, latinishtja e nga gjuhët romane dhe që në shqipen kanë një **gj** të ndjekur nga një **e** ose **i**, shkruhen me **gj** e jo me **g**:

agjenci, agjent, agjitacion, agjitator, angjinare, angjinë, antropologji, biologji, borgjez, dermatologji, dramaturgji, egjidë, elegji, embriologji, energjetikë, energjik, farmakologji, filologji, fiziologji, gjenealogji, gjeneral, gjenerator, gjenetik, gjenezë, gjeni, gjeometri, gjimnastikë, gjimnaz, gjinekolog, gjips, hegje-

moni, hemorragji, heterogjen, hidrogjen, higjienë, homogjen, ideologji, kirurgji, legjendë, legjion, legjislacion, letargji, liturgji, logjikë, meteorologji, metodologji, mitologji, oksigjen, orgji, patologji, pedagogji, psikologji, regjent, regjim, regjistër, sugjestion, trilogji etj.

Me **gj** shkruhen edhe emrat e përveçëm të këtyre tipave: *Augjias, Egjeu, Egjina, Egjipti, Egjisti, Eugjen, Gjeorgjia, Ifigjenia, Virgjili* etj.

Po me **gj** shkruhen edhe fjalët e emrat e përveçëm nga burime të tjera, të cilët janë të tipave fonetikë të mësipërm, si *algjebër, algjebrik, gjiboni, gjirafë* etj.; *Algjer-i, Algjeria, Belgjikë, Gjermani-a, Gjenevë, Gjenovë, Gjibraltar-i* etj.

S h ë n i m. Shkruhen me **xh** dhe jo me **gj** fjalët: *inxhinier, xhandar, xhandarmëri, xhenier, xhenio, xhirim, xhiro, xhiroj, inxhinieri, xhirues,* si edhe fjalët *xhaketë, xhelatinë, xhol.*

gj) Shkruhen me **j** dhe jo me **zh** ose **xh** fjalët:

adjutant, juri, juridik, jurist, jurisprudencë, projekt, projektim, projektoj, projektor (aparat), *projektligj, projektplan.*

Por shkruhen me **zh** fjalët që janë marrë drejtpërdrejt nga frëngjishtja:

grupazh, shantazh, zhargon, zhongler, zhul (term i fizikës), *zhupon* etj.

h) Shkruhen me **gn** fjalët: *agnosticizëm, gneis, gnom, gnoseologji, gnostik, inkognito, magnat, magnet, magnetik-e, magnetizëm, magnetizoj, magnetofon, magnez* dhe me **nj** fjalët: *dinjitet, injorancë, injorant, linjit, manjolie* etj.

i) Shkruhen me **h-** fjalët që në greqishten e vjetër fillonin me zanore të aspiruar dhe në latinishten me **h-**:

halucinacion, harmoni, harmonikë, harmonizoj, harpë, hebraik, hedonizëm, hegjemoni, hekatombë, hektolitër, hekzaklorant, hekzametër, helenist, helikë, helikopter, heliocentrik, helioterapi, helotët, hematit, hemisferë, hemofili, hemoglobinë, herbarium, herbicidet, heretik, hermetik, hero, heterogjen, hibrid, hidraulik, hidrocentral, hidrogjen, hierarki, hieroglif, hieromonak, higrometër, higjienë, himn, hiperbolë, hipertension, hipizëm, hipnozë, hipodrom, hipokrit, hipotekë, hipotenuzë, hipotezë, histeri, histologji, histori, homogjen, homonimi, horizont, horizontal, hormon, humanizëm, humus etj.; po kështu: *inhalacion, inherent, koherent, kohezion, rehabilitoj* etj.

Po kështu shkruhen edhe emrat e përveçëm të këtyre tipave, si edhe emrat e tjerë të përveçëm që janë fonetikisht të ngjashëm me ta:

Halikarnasi, Hamilkari, Hanibali, Hasdrubali, Hefesti, Hektori, Hekuba, Helespont-i, Helena, Heliodori, Hera, Herakliu, Herkuli, Hermiona, Hermogjeni, Herodi, Herodoti, Hesiku, Hesiodi, Hidra, Hiparku, Hiperioni, Hipia, Hipokrati, Hipoliti, Homeri, Honori, Horaci etj.

Habarovsk, Hagë, Hamburg, Hanoi, Hanover, Hanxhou, Harkov, Havai, Havanë, Helsinki, Himalaja, Holandë, Honduras, Hungari etj.

j) Shkruhen me **k** fjalët e terminologjisë tekniko--shkencore ndërkombëtare që e kanë burimin te greqishtja e vjetër dhe që përmbajnë tema, të cilat në këtë gjuhë kanë pasur një χ *(h)*:

anakronik, anakronizëm, anarki, anarkik, anarkist, arkaik, arkaizëm, arkeolog, arkeologji, arkimandrit, arkipelag, arkitekt, arkitekturë, arkiv, arkivol, brakicefal, brakiopodët, ekinokok, iktiolog, hipokondri, kalkopirit, kameleon, kaos, kaotik, karakter, karakteristik, kilogram, kilometër, kimerik, kimi, kirurg, klor, kloroform, koreografi, krestomaci, krizantemë, krom, kronik, kronikë, kronometër, monark, monarki, oligarki, orkestër, pakidermë, psikiatër, psikik, psikologji, psikozë, teknikë, teknologji, tektonik, trokaik etj.

Po kështu shkruhen edhe emrat e përveçëm të këtij tipi: *Akili, Aristarku, Arkiloku, Arkimedi, Baku* (=Dionizi), *Eskili, Kaonia, Karonti, Kerson, Kimera, Kios, Kolkida, Kriseida, Krisi, Krisipi, Krisobuli, Kronosi, Plutarku, Telemaku* etj.

k) Fjalët e huaja që në gjuhën shqipe kanë një **-ks-** të ndjekur nga një **-io-**, në pajtim me shqiptimin e sotëm letrar, shkruhen me **ks** dhe jo me **kc**:

abstraksion, aksiomë, aksion, deduksion, diksion, fraksion, fraksionist, funksion, funksionar, funksionoj, induksion, infeksion, injeksion, juridiksion, leksion, reaksion, sanksion, seleksion, seleksionoj etj.

l) Shkruhen me **ks** fjalët e burimit grek a latin që përmbajnë elementin **eks** të ndjekur nga një bashkëtingëllore, dhe me **kz** fjalët e po këtij burimi që përmbajnë elementin **eks** të ndjekur nga një zanore ose temat **ekzo** a **hekza**:

ekscentrik, ekskavator, ekskluziv, ekskursion, ekspansion, ekspeditë, eksperiment, ekspertizë, eksplorator, eksploroj, eksponent, eksport, ekspozitë, ekspres, ekspresionizëm, ekspresiv, ekstazë, eksterritorialitet, ekstravagant etj.;

ekzakt, ekzaltoj, ekzaminim, ekzaminoj, (tifo) ekzantematike, ekzekutim, ekzekutiv, ekzekutoj, ekzemë, ekzistencë, ekzistencializëm etj.;

ekzocentrik, ekzodermë, ekzogami, ekzogjen, ekzotik etj.;

hekzametër, hekzaklorant etj.

11) Fjalët e huaja që burojnë nga greqishtja e vjetër, nga latinishtja ose nga gjuhët romane dhe që në këto gjuhë kanë një l të thjeshtë ose dyfishe, shkruhen me l e jo me ll:

alfa, algoritëm, ambulancë, ambulant, anakolutë, analogji, antologji, arkipelag, atlas, balonë, balsam, bilanc, biolog, bulon, deklaratë, dialog, diplomaci, diplomat, diplomë, duel, etimologji, fals, falsifikim, filokserë, filologji, filoshqiptar, fiziologji, flotë, galaktikë, gjenealogji, gjeolog, gjeologji, halogjen, halucinacion, hemoglobinë, holandez, hotel, ideolog, ideologji, ilustrim, iluzion, kilogram, klasë, klasik, kolonë, koloni, kolonial, kolonjë, kolos, kolosal, komplot, komplotoj, konsultë, leksikologji, logaritëm, logjikë, lokomotivë, lord, lotari, luks, lustër, lustroj, metalurgji, mitologji, monolog, nekrologji, neologjizëm, patolog, pilot, plagjiat, plan, planet, planifikim, plastik, platin, psalm, psalt, psikolog, rezultat, sandale, silogjizëm, skolastikë, sociologji, spekuloj, tabelë, tablo, tautologji, teologji, terminologji, vulgar, vulgarizim, zoologji etj.

Po kështu shkruhen edhe emrat e përveçëm të këtij tipi:

Apolon-i, Apoloni-a, Atlantida, Atlantiku, Babiloni-a, Galatea, Lukian-i, Pelagonia, Peloponezi, Penelopa, Platoni, Plutoni, Salusti, Scila etj.

Shënim 1. Në pajtim me shqiptimin popullor të ngulitur prej kohësh, shkruhen me **ll** fjalët:

apostull, atllas (lloj pëlhure), *ballkanik, ballkon, bllok, bllokadë, bllokoj, bullgar, busull, çokollatë, dishepull, galloshe, gorillë, gumallak, idhull, kabllo, kabllogram, karamanjollë, kapitull, kapitullim, kapitulloj, konsull, konsullatë, kontroll, kontrolloj, kontrollor, llogari, llogaritar, nitrollak, orakull, pallto, pllakat, protokoll, sallam, sallë, sallon, vullkan, vullkanik, vullkanizim* etj.

Shënim 2. Ndër fjalët me burim nga anglishtja shkruhen me **l**: *gol, golf, kloun, klub* etj. dhe me **ll**: *basketboll, futboll, hendboll, penallti, volejboll* etj.

Shënim 3. Ndër fjalët e reja të burimit sllav shkruhen me **l**: *bolshevik, kolkoz, komsomolas, polak, polka* etj. dhe me **ll**: *bjellorus, sllav, sllovak, slloven* etj.; po kështu *Bjellorusi*.

m) Fjalët e huaja që janë marrë kryesisht nga gjuhët romane dhe që në këto gjuhë kanë **rr**, shkruhen me **rr** e jo me **r**:

arrestim, arrestoj, arrivist, arrogancë, barrikadë, hemorragji, irracional, karrierë, karrierist, katarr, korrekt, korrekturë, korrelacion, korrespondencë, korridor, korrigjoj, serrë, surrealizëm, surrogat, tarracë, territor, terror, terrorist etj.

n) Fjalët që burojnë nga greqishtja e vjetër, nga latinishtja a nga gjuhët romane ose që janë formuar në shqipen me elemente të këtyre gjuhëve, tek të cilat ato kanë një **s** ndërzanore, shkruhen me **z**:

afazi, aferezë, analizë, apoteozë, artizanat, aziatik, azil, bazë, bazilikë, bizon, cezurë, dezertim, dezertoj, dezinfektim, dezinfektoj, diagnozë, diatezë, dierezë, dinozaur, dioqezë, divizion, dizenteri, dozë, entuzia-

zëm, ezofag, fazë, fibrozë, filozof, filozofi, fizikan, fizikë, fiziologji, fizionomi, fizioterapi (po kështu edhe *fizkulturë, fizkulturist), ftiziatër, frazeologji, gjeneaë, herezi, hidrolizë, hipnozë, hipokrizi, hipostazë, hipotenuzë, hipotezë, izoglosë, izolacionizëm, izolant, izomorf, izotermik, izotop, kazermë, kazino, kazuistikë, klauzolë, krizantemë, krizë, laktozë, metamorfozë, metastazë, metatezë, mezolit, mizantrop, mozaik, muzë, muzikë, muzikor, narkozë, osmozë, parazit, poezi, pozë, pozicion, pozitë, pozitiv, prognozë, protezë, prozë, prozodi, psikozë, rezervë, rezolutë, rezultat, sintezë, teozofi, tezë, trombozë, uzinë, uzurpator, uzurpoj, vazelinë, vizitë, vizitoj* etj.

Me **z** shkruhen edhe emrat e përveçëm të këtij tipi:

Azia, Belizari, Brazili, Dionizi, Elizi, Elizabeta, Ezopi, Izokrati, Kazablanka, Lozana, Piza, Polinezia, Raguza, Sirakuza, Tezeu, Tuniz, Tunizia, Venezuela etj.

Shënim. Shkruhen me **s** fjalët: *president, presidium* dhe emrat e përveçëm: *Efesi, Hesiodi, Hesiku, Isaia, Isidori, Isis, Kresi, Lisia, Lisimaku, Lisistrata, Mesopotamia, Moisiu, Nausika, Osiris, Pisistrati, Poseidoni, Teodosi, Trasibuli, Trasimeni* etj.

nj) Shkruhen me -**z**- në të gjitha trajtat e tyre fjalët me **-izëm** e **-azëm**:

abstraksionizëm, abstraksionizmi; arkaizëm, arkaizmi; ateizëm, ateizmi; bektashizëm, bektashizmi; burokratizëm, burokratizmi; centralizëm, centralizmi; djathtizëm, djathtizmi; dualizëm, dualizmi; feudalizëm, feudalizmi; globalizëm, globalizmi; historizëm, historizmi; iluminizëm, iluminizmi; klasicizëm, klasicizmi; komunizëm, komunizmi; leninizëm, leninizmi;

majtizëm, majtizmi; marksizëm, marksizmi; optimizëm, optimizmi; prizëm, prizmi; realizëm, realizmi; revizionizëm, revizionizmi; romantizëm, romantizmi; silogjizëm, silogjizmi; socializëm, socializmi; shkollarizëm, shkollarizmi; shovinizëm, shovinizmi; zyrtarizëm, zyrtarizmi etj.;

entuziazëm, entuziazmi; pleonazëm, pleonazmi; sarkazëm, sarkazmi etj.

o) Shkruhen me **-zm-** e jo me **-sm-** fjalët që burojnë nga greqishtja e vjetër ose që janë ndërtuar me elemente të kësaj gjuhe:

fantazmë, kozmetik, kozmik, kozmodrom, kozmogoni, kozmografi, kozmonaut, kozmopolit, kozmos, plazmë, protoplazmë, sizmik, sizmograf etj.

p) Shkruhen me **-z-** fjalët e huaja të formuara me parashtesën **dez-** (**des-**), kur s-ja e parashtesës gjendet në pozicion ndërzanor:

dezinfektoj, dezinfektim, dezintegroj, dezintegrim etj.

q) Fjalët me parashtesën **dis-** përpara një bashkëtingëlloreje dhe ato me parashtesën **trans-** e ruajnë gjithmonë s-në e parashtesës në shkrim:

disharmoni, diskreditoj, diskriminim, disnivel, dispeçer, disponoj, dispozitë etj.; *transaksion, transatlantik, transfuzion, transistor, transit, transliterim, transmetim, transoqeanik, transport* etj.

r) Shkruhen me **s** fjalët e huaja që në gjuhët e burimit kanë **-ss-**:

asimilim, disertacion, glosar, kolos, kolosal, mision, pesimist, regjisor etj.;

Abisinia, Asiria, Mesina, Odesa, Tesalia etj.; po kështu *mesapët, molosët* etj.

rr) Shkruhen me **-s-** e jo me **-z-** fjalët e huaja të formuara me anën e parashtesës **a-** prej fjalësh me s nistore:

aseptik, asimetri, asimetrik, asimptotë, asizmik, asocial etj.

§ 37

Shkrimi i emrave të përveçëm të huaj mbështetet përgjithësisht në shqiptimin e tyre në gjuhët përkatëse, duke iu përshtatur sistemit grafik të shqipes. Me përjashtim të **rr**-së, bashkëtingëlloret dyfishe të këtyre emrave nuk ruhen në shkrim në gjuhën shqipe*.

Kështu, shkruhen:

Aligieri, Atila, Bajron, Bethoven, Bop, Brams, Çehov, Dostojevski, Dvorzhak, Dyma, Eminesku, Fadejev, Gëte, Gorki, Hajne, Hygo, Kamoensi, Karaxhale, Karduçi, Kozhbuk, Kujbishev, Lu Sin, Manxoni, Mickieviç, Monteskjë, Moxart, Myse, Pestaloci, Petëfi, Rabindranat Tagore, Rasin, Saltikov-Shedrin, Sun Jat Sen, Shekspir, Sheli, Shiler, Shopen, Shtajnbek, Tomas Man, Turgeniev, Vagner, Vilhelm Tel, Volter, Xherzhinski, Zhan-Zhak Ruso etj.; *Amazona, Azerbajxhan, Bejrut, Bohemi, Bolonjë, Bombei, Bon, Bordo, Budapest, Bukuresht, Delhi, Dresden, Filipinet, Hagë,*

---

*) Në shfaqjen e parë të një emri të kësaj kategorie mund të shënohet në kllapa edhe shkrimi i tij sipas grafisë së gjuhës nga buron.

Hartum, Havai, Havanë, Helsinki, Jenisei, Johanesburg, Kajro, Kalkuta, Kaukaz, Këln, Kopenhagë, Krakov, Lajpcig, Leningrad, Lihtenshtajn, Liverpul, Lozanë, Luarë, Majakovski, Majer, Mançester, Melburn, Misisipi, Napoli, Neva, Niagara, Nju-Jork, Odesa, Onega, Oslo, Otava, Pragë, Rio-de-Zhanejro, Sahalin, Senë, Sidnei, Sofje, Stokholm, Suez, Tajlandë, Tula, Tunizi, Uashington, Valencia, Varshavë, Vyrtemberg, Xhamajka etj.;

Arras, Andorra, Kamberra, Sierra-Leone etj.

Shënim 1. Emrat e përveçëm të gjuhëve sllave, pavarësisht nga mënyra e shqiptimit të **l**-së në këto gjuhë, shkruhen përgjithësisht me **l**:

Arhangelsk, Bajkal, Bjalistok, Blagojev, Bratislava, Dobrolubov, Glinka, Gogol, Jalta, Kaluga, Ladoga, Lermontov, Lobaçevski, Lomonosov, Lodz, Lublin, Ludmila, Lugansk, Lunaçarski, Milan, Milorad, Milosh, Mladenov, Oblomov, Pavlov, Poloni, Ruslan, Sverdlov, Tula, Ural, Vladimir, Vladivostok, Volodarski, Volodja, Vroclav etj.

Shënim 2. Emrat e përveçëm më **-ij** të burimit rus shkruhen me **-i**:

Belinski, Çajkovski, Dostojevski, Gorki, Musorgski, Stanislavski etj.

Shënim 3. Disa emra të përveçëm me prejardhje të huaj shkruhen sipas traditës së ngulitur prej kohësh në gjuhën shqipe:

Bruksel, Kazan, Korfuz, Moskë, Orel, Paris, Selanik, Stamboll, Suedi, Vjenë, Zvicër etj.*

---

*) Për shkrimin e kategorive të veçanta të emrave të përveçëm me prejardhje të huaj, shih pikat përkatëse të §36 të këtij kapitulli.

IV. ÇËSHTJE GRAMATIKORE

1. DISA TRAJTA TË SHUMËSIT TË EMRAVE DHE TË MBIEMRAVE

§ 38

Nga emrat femërorë më -ë, shkruhen në shumës:

a) me mbaresën -a emra si: *ara-t, arra-t, arka-t, banka-t, banja-t, barka-t, biseda-t, bisha-t, detyra-t, fara-t, faza-t, forma-t, fusha-t, fytyra-t, kazma-t, kërpudha-t, kisha-t, klasa-t, lopata-t, maja-t, mënyra-t, mynxyra-t, napa-t, natyra-t, nevoja-t, nyja-t, pëlhura-t, pisha-t, pulpa-t, qafa-t, rroba-t, shembëlltyra-t, shtëllunga-t, toka-t, thika-t, veta-t, vlera-t;*

b) me -ë, ashtu si në njëjës, emra si: *anë-t, bathë-t, bjeshkë-t, dallgë-t, degë-t, fletë-t, gojë-t, gozhdë-t, gjurmë-t, gjymtyrë-t, jetë-t, këmishë-t, kofshë-t, lëpjetë-t, llërë-t, mollë-t, pjesë-t, pjeshkë-t, rrugë-t, strehë-t, shegë-t, udhë-t.*

Shënim. Sipas kuptimeve me të cilat përdoren, një numër emrash shkruhen me dy trajta shumësi:

brinjë: brinjë-t (brinjët e trupit), *brinja-t* (në ato kodra, në ato brinja); *copë: copë-t* (pesë mijë copë tulla), *copa-t* (dy copa buke); *grykë: grykë-t* (më dhembin grykët), *gryka-t* (grykat e maleve); *kokë: kokë-t* (dhjetë kokë dhen), *koka-t* (kokat e qepëve); *lëkurë: lëkurë-t* (përpunimi i lëkurëve), *lëkura-t* (lëkurat e pemëve); *pikë: pikë-t* (fitoi pesë pikë), *pika-t* (pikat e shiut).

§ 39

Trajta e pashquar e emërores së shumësit të emrave femërorë më -i, -e, -a ose -o të theksuar, si edhe më -e, -o të patheksuar, shkruhet njësoj si ajo e njëjësit:

një hardhi - shumë hardhi, një qershi, - shumë qershi, një shtëpi - shumë shtëpi, një tepsi - shumë tepsi; një ide - shumë ide, një rrëke - shumë rrëke, një rrufe - shumë rrufe; një bela - shumë bela, një kala - shumë kala, një shaka - shumë shaka; një byro - shumë byro, një tablo - shumë tablo* etj.;

një anije - shumë anije, një lule - shumë lule, një perde - shumë perde, një shishe - shumë shishe; një depo - shumë depo, një pako - shumë pako, një pallto - shumë pallto, një triko - shumë triko etj.

§ 40

Nga emrat dhe mbiemrat mashkullorë më -al, -an, -ar, -ec, -el, -er, -et, -ez, -il, -ir, -ol, -on, -oz, -un, që zakonisht e kanë shumësin më -ë (*gjeneralë, kuintalë; aeroplanë, partizanë; fshatarë, hambarë, përpa-*

---

*) Për disa nga emrat e tipave të mësipërm, për qëllime të caktuara stilistike-shprehëse ose me ngjyrime të veçanta kuptimore, përdoret në gjuhën letrare edhe shumësi me -ra: *çudira, gostira, kusira, marrëzira, mrekullira, tepsira, trimërira; idera; belara, shakara* etj.

rimtarë; guralecë, memecë; dembelë, kriminelë; berberë, fenerë; atletë, planetë; borgjezë, kinezë; civilë, katilë, kopilë; ilirë, zinxhirë; gogolë, кaqolë; bidonë, kampionë; bajlozë, marangozë; majmunë, pirunë etj.), shkruhen në shumës:

a) me -a emrat: *karkaleca, kastraveca, keca, speca; bela, çengela, gjela, tegela, tela; breza; automobila, bilbila, fitila, kandila, karafila, trëndafila; sokola, stola; gramafona, magnetofona, mikrofona, telefona; kavanoza, mitraloza, rrogoza; çuna;*

b) me -e emrat: *festivale, hidrocentrale, ideale, kanale, korale, kristale, lokale, male, materiale, minerale* etj.; *duhane, dyqane, oqeane, organe, plane, tavane, vullkane; pazare, seminare, thesare, visare* etj.; *kotece; akuarele, duele, hotele, kapitele, pastele, tunele, zabele; dikastere, kantiere, karaktere, mermere, mindere, mistere* etj.; *fakultete, marifete, personalitete, qytete, shporete, shtete* etj.; *qymeze, sofrabeze; idile; hire, manastire, panaire; ciklone, elektrone, frone, hone, hormone, kampione* (mostër), *kanione, protone, shabllone, zakone* etj.; *kanune.*

Shënim 1. Emrat më **-ac, -aç, -af, -ak, -ap, -aq, -ash, -eç, -ek, -en, -esh, -ik, -in, -ist, -jan, -jot, -ok, -or, -osh, -ot, -tar, -tor, -uk** shkruhen në shumës rregullisht me **-ë**:

kupacë, përtacë; gungaçë, gjembaçë (por *ilaçe*); *fotografë, paragrafë; kapakë, rosakë; dollapë, mesapë-t; hutaqë, shkatarraqë; gjumashë, larashë; gjyveçë, kryeneçë; dyshekë, mjekë; hostenë, kapitenë* (por *bedena, liqene*); *arbëreshë, kaleshë* (por *rrebeshe); ibrikë, kreshnikë; latinë, pinguinë; artistë, komunistë; lumjanë, matjanë; himarjotë, suljotë; patokë, shokë;*

doktorë, fjalorë; kataroshë, trimoshë; patriotë; luftëtarë, shkrimtarë; punëtorë, traktorë; bishtukë, kopukë etj.

Shënim 2. Emrat më **-ant, -at, -az, -ent, -id, -it, -ont** shkruhen në shumës me **-ë**, kur shënojnë frymorë, dhe me **-e**, kur nuk shënojnë frymorë:

aspirantë, elefantë, laborantë, kursantë etj.; *argatë, delegatë, diplomatë, kroatë, labeatë-t, mecenatë, vlonjatë* etj.; *matrapazë, xhambazë* etj.; *asistentë, docentë, elementë, klientë, studentë* etj.; *heraklidë-t, invalidë* etj.; *gjirokastritë, komitë, petritë, semitë-t* etj.; *kontë, rinoqerontë* etj.;

brilante, diamante, restorante, variante etj.; *agregate, aparate, atentate, fosfate, kampionate, kombinate, pallate, silikate, shpate* etj.; *kafaze, pullaze* etj.; *aksidente, amendamente, argumente, bazamente, dokumente, eksperimente, elemente (kimike), fermente, fragmente, instrumente, kontinente* etj.; *hibride, metaloide, okside, romboide* etj.; *boksite, deficite, fosforite, grafite, pirite, suficite* etj. (por *shirita*); *fronte, horizonte* etj.

Shënim 3. Emrat më **-azh, -ezh, -ël, -im, -ion, -(i)um, -ozh, -us** shkruhen në shumës me **-e**:

aliazhe, ambalazhe, grupazhe, homazhe, plazhe, silazhe, shantazhe; kortezhe; ansamble (ansambël), *cikle* (cikël); *botime, kërkime, punime, vendime; divizione, dominione, embrione, komisione, leksione, pozicione, profesione, tubacione; elozhe; albume, forume, kostume, presidiume, simpoziume, stadiume; puse, viruse* etj.

Shënim 4. Shkruhen në shumës me **-a** emrat: *bërryla, cepa, gjyma, mana, qilima, tipa, xhepa;* me **e** emrat: *djepe, kallëpe, kryqe, mikrobe, probleme, rafte, zarfe.*

§ 41

Emrat mashkullorë më -ës, -ues e -yes e kanë trajtën e shumësit njësoj si të njëjësit:

blerës, grykës, hamës, mbledhës, nxënës, qitës, vendës, zgjedhës etj., por *çelësat;*
kallëzues, mësues, sulmues, tregues etj.;
hekurkthyes, përkthyes, udhërrëfyes etj.

§ 42
Mbiemrat, të cilët përcaktojnë emrat mashkullorë me shumësin më -e, në numrin shumës përdoren në trajtën e gjinisë femërore:

dete të thella, drejtime të reja, elementet kimike, kanale vaditëse, katunde malore, kënde të ngushta, kopshte të lulëzuara, kujtimet e mia, **këto kushte më duken të papranueshme, këto lajme** *s'më duken* **të besueshme,** *lëngjet tretëse, ato livadhe të gjelbra, malet tona të larta, metale të rralla, minerale të dobishme, personalitete të shquara, përparime të dukshme, të gjitha qytetet e mëdha, ritme të shpejta, sende të gjetura,* **Shtetet e Bashkuara** *të Amerikës, shtigje të ngushta, tipare themelore, tregime humoristike, ushtrime gjuhësore, vende liridashëse, vendet tona, vendime të prera,* **këto vendime** *janë* **të drejta,** *veprime luftarake,* **zakonet** *i kanë shumë* **të afërta** etj.

§ 43
Mbiemrat që përcaktojnë emrat mashkullorë e asnjanës, të cilët e formojnë shumësin me mbaresën **-ra,**

në numrin shumës përdoren në trajtën e gjinisë femërore:

djathëra të mira, drithërat e sivjetme, fshatra të elektrifikuara, leshra të dredhura, mallra të jashtme, mishra të pjekura, ujëra të ftohta[1] etj.

§ 44

Shumësi i emrave më **-llëk** shkruhet me fundoren **-qe:**

axhamillëqe, budallallëqe, çilimillëqe, gomarllëqe, matrapazllëqe, pazarllëqe etj.

SHKRIMI I NYJËS SË PËRPARME

§ 45

Emrat në rasën gjinore shkruhen me nyjë të përparme (**i, e, të, së**):

ndërmarrja **e** *ndërtimit, ndërmarrjes* **së** *ndërtimit; Partia* **e** *Punës, Partisë* **së** *Punës; pasuria* **e** *shtetit, pasurisë* **së** *shtetit* etj.;
dyqani **i** *luleve, dyqanit* **të** *luleve; rrethi* **i** *Tiranës, rrethit* **të** *Tiranës; shtëpive* **të** *fshatit; arave* **të**

---

1) Të mos ngatërrohet kjo kategori me emrat që në emëroren e pashquar të njëjësit dalin me temë më **-r** dhe që e formojnë shumësin me mbaresën **-a**; mbiemrat që i përcaktojnë këta emra, përdoren në trajtën e gjinisë mashkullore: *emra të përveçëm, hekura të ndryshkur, mbiemra të nyjshëm, regjistra themeltarë* etj.

kooperativës; ndërmarrjeve **të** *ndërtimit;* puseve **të** naftës; detyrave **të** *ditës; mbjelljeve* **të** *vjeshtës* etj.

§ 46

Kur një emër i rasës gjinore vjen pas një emri tjetër në rasën gjinore a dhanore njëjës të pashquar, shkruhet me nyjën e përparme **të**, pavarësisht nga gjinia që ka emri para tij:

diploma e një studenti **të** *Institutit Bujqësor; diploma e një studenteje* **të** *degës elektrike; norma e një punëtoreje* **të** *fabrikës së tjerrjes; çmimi iu dorëzua një atleti* **të** *skuadrës kombëtare; leshi i një deleje* **të** *racës merinos; banorët e një pjese* **të** *lagjeve të reja* etj.

§ 47

Kur një emër i rasës gjinore, pavarësisht nga gjinia që ka, vjen pas një emri mashkullor në rasën gjinore a dhanore të shquar njëjës, shkruhet me nyjën e përparme **të,** dhe kur ai vjen pas një emri femëror në po këto rasa, shkruhet me nyjën e përparme **së**:

zyra e kryetarit **të** *Këshillit Popullor të fshatit; fuqia e krahut* **të** *punëtorëve; zbatimi i vullnetit* **të** *klasës punëtore; dëgjimi i zërit* **të** *masave punonjëse; Lavdi heroizmit* **të** *gruas shqiptare!; i jepet fjala përfaqësuesit* **të** *Frontit Demokratik* etj.;

historia e luftës **së** *popullit shqiptar; fryti i punës* **së** *punëtorëve; përvjetori i shpalljes* **së** *pavarësisë; ndërtimi i fabrikës* **së** *këpucëve; çmimi iu dha minie-*

rës **së** *qymyrgurit; pas korrjes* **së** *grurit; përpara shtëpisë* **së** *kulturës; pas stinës* **së** *pranverës* etj.

§ 48

Kur një emër femëror në rasën gjinore, dhanore a rrjedhore njëjës përcaktohet nga dy ose më shumë mbiemra të nyjshëm (ose numërorë rreshtorë), mbiemri i dytë e të tjerët pas tij marrin nyjën **të** e jo **së**. Po kështu veprohet edhe kur mbiemri i parë është i panyjshëm ose kur emri përcaktohet njëkohësisht nga një përemër pronor dhe nga një a më shumë mbiemra të nyjshëm:

(i, e, të, së) fshatarësisë së varfër e **të** *mesme; (i, e, të, së) vajzës së urtë,* **të** *zellshme dhe* **të** *shkathët; (i, e, të, së) fushës pjellore dhe* **të** *gjerë; (i, e, të, së) cilësisë, së parë,* **të** *dytë e* **të** *tretë* etj.;

(i, e, të, së) vajzës së tij **të** *dashur; (i, e, të, së) vajzës së tij* **të** *mirë e* **të** *sjellshme; (i, e, të, së) motrës së saj* **të** *dashur; (i, e, të, së) motrës së saj* **të** *dashur e* **të** *paharruar* etj.

Shënim. Kur mbiemrat e nyjshëm (ose numërorët rreshtorë) ndodhen përpara emrit, përdoret nyja **së** e jo **të**: *lotët e* **së** *shkretës e të* **së** *pangushëlluarës nënë; t'i caktohen normat* **së** *parës,***së** *dytës dhe* **së** *tretës kategori të punëtorëve* etj.

§ 49

Kur një emër femëror në rasën gjinore, dhanore a rrjedhore njëjës përcaktohet nga një ose disa mbiemra dhe nga një ose disa emra në gjinore, fjala përcaktuese e dytë e të tjerat pas saj marrin nyjën **të** e jo **së**:

(i, e, të, së) klasës punëtore **të** *Shqipërisë; (i, e, të, së) fabrikës së re* **të** *tullave; (i, e, të, së) kooperativës së zgjeruar* **të** *Krutjes; sipërfaqja e Republikës Popullore* **të** *Shqipërisë; (i, e, të, së) luftës çlirimtare* **të** *pamposhtur të popullit shqiptar; (i, e, të, së) Partisë së Punës* **të** *Shqipërisë; (i, e, të, së) Republikës Popullore* **të** *Shqipërisë; (i, e, të, së) rrjedhjes së poshtme* **të** *Vjosës dhe* **të** *Semanit; (i, e, të, së) klimës së butë e* **të** *qëndrueshme* **të** *Vlorës,* **të** *Himarës,* **të** *Sarandës* etj.

§ 50

Kur pas një emri femëror të shquar të rasës gjinore, dhanore a rrjedhore njëjës vijnë dy a më shumë emra femërorë në gjinore njëjës, nga këta të fundit i dyti e të tjerët pas tij marrin nyjën **së** e jo **të** në rastet kur këta përcaktojnë emrin në gjinore që ndodhet menjëherë përpara tyre; por në rastet kur këta përcaktojnë jo emrin në gjinore që ndodhet menjëherë përpara tyre, po atë që ndodhet para atij, shkruhen me nyjën **të** e jo **së**:

punimet e tharjes së kënetës **së** *fushës* **së** *Thumanës; përmirësimi i cilësisë së racës* **së** *lopës* **së** *Shkodrës* etj.;

zhvillimi i industrisë së naftës **të** *Shqipërisë* (është fjala për *industrinë [e naftës] të Shqipërisë); themelimi i Partisë së Punës* **të** *Shqipërisë* (është fjala për *Partinë [e Punës] të Shqipërisë); Komiteti Qendror i Bashkimit të Rinisë së Punës* **të** *Shqipërisë; punonjësit e bujqësisë* **të** *zonave malore* etj.

§ 51

Kur një emër femëror në gjinore njëjës përcaktohet nga dy ose më shumë emra të bashkërenditur, që janë po në rasën gjinore, emri i dytë përcaktues e të tjerët pas tij marrin nyjën **të** e jo **së**:

*prodhimet e fushës së Korçës, **të** Myzeqesë, **të** Thumanës e **të** Zadrimës; punimet e stinës së pranverës, **të** verës, **të** vjeshtës, **të** dimrit; veshjet e krahinës së Mirditës dhe **të** Matit* etj.

§ 52

Kur dy emra në rasën gjinore ndjekin një emër në emërore njëjës, emri i dytë në gjinore, kur përcakton emrin në emërore, merr, sipas gjinisë së këtij të fundit, nyjën e përparme **i** për gjininë mashkullore dhe **e** për gjininë femërore:

rendi i ditës i Kongresit; libri i gjuhës i klasës së shtatë; ministri i Punëve të Jashtme i Republikës Popullore të Shqipërisë etj.;

fjala e nderit e shqiptarit; Partia e Punës e Shqipërisë; Ministria e Tregëtisë e RPSH; stina e verës e këtij viti etj.

Kur emri i përcaktuar është në kallëzore, atëhere emri i dytë në gjinore merr nyjën **të** e jo **së**: *Partinë e Punës **të** Shqipërisë; në rafinerinë e naftës **të** Cërrikut* etj.

§ 53

Përpara emrave femërorë të nyjshëm, në gjinore, dhanore e rrjedhore shkruhet nyja **së** për trajtën e shquar dhe nyja **të** për trajtën e pashquar:

orari i **së** *mërkurës; tiparet e* **së** *folmes së Mirditës; parashikimi i* **së** *ardhmes; kujtimet e* **së** *shkuarës; përhapja e* **së** *resë; shpresat e* **së** *nesërmes* etj.; por: *ndeshjet sportive të një* **të** *diele; tiparet e një* **të** *folmeje; drejt një* **të** *ardhmeje të lumtur* etj.

Shkruhen me **së** në gjinore, dhanore e rrjedhore të shquar edhe emrat femërorë të farefisnisë, kur përdoren me nyjë: *kujdesi i* **së** *bijës; i tha* **së** *motrës; mori letër prej* **së** *shoqes* etj.

§ 54

Kur një emër përcaktohet nga dy a më shumë emra të bashkërenditur të rasës gjinore, të gjithë këta përdoren zakonisht me nyjë të përparme:

Fakulteti **i** *Historisë dhe* **i** *Filologjisë; (i, e, të, së) Fakultetit* **të** *Historisë dhe* **të** *Filologjisë; Instituti* **i** *Gjuhësisë dhe* **i** *Letërsisë; (i, e, të, së) Institutit* **të** *Gjuhësisë dhe* **të** *Letërsisë; Institutin e Gjuhësisë dhe* **të** *Letërsisë; Ministria* **e** *Arsimit dhe* **e** *Kulturës; (i, e, të, së) Ministrisë* **së** *Arsimit dhe* **të** *Kulturës; Ministrinë* **e** *Arsimit dhe* **të** *Kulturës; stacioni* **i** *makinave dhe* **i** *traktorëve; (i, e, të, së) stacionit* **të** *makinave dhe* **të** *traktorëve; stacionin* **e** *makinave dhe* **të** *traktorëve; shfrytëzimi* **i** *vendburimeve të kromit,* **të** *bakrit dhe* **të** *hekur-nikelit; shkollat* **e** *Tiranës,* **të** *Durrësit e* **të** *Elbasanit; e drejta e votës,* **e** *fjalës,* **e** *mbledhjes dhe* **e** *shtypit; në interes* **të** *popullit e* **të** *atdheut; organet* **e** *frymëmarrjes dhe* **të** *qarkullimit të gjakut; zhurma* **e** *kazmave dhe* **e** *lopatave* etj.

Në rastet kur vijnë njëri pas tjetrit tre a më shumë emra të rasës gjinore të bashkërenditur pa lidhëza, nyja e përparme e emrit të dytë (kur nyja nuk ndryshon) ose të tretë (kur nyja ndryshon nga **e** në **të**) dhe e emrave të tjerë pasues shkruhet ose jo, duke u mbështetur në arsye të caktuara kuptimore ose stilistike:

prodhimi i drithërave, i duhanit, i pambukut, i perimeve, i patateve, i frutave; zotimet e punonjësve të gjeologjisë, të naftës, të minierave, **të** *degëve të tjera të industrisë e* **të** *artizanatit* etj.;

kishte marrë hov të madh ndërtimi i shtëpive, fabrikave, shkollave, rrugëve, urave; është rritur numri i degëve, katedrave, laboratorëve dhe kabineteve; brigada vullnetarësh nga fshatrat **e** *Peshkopisë,* **të** *Krujës, Elbasanit, Skraparit, Tepelenës, Sarandës* etj.

§ 55

Kur pas një emri femëror ndeshen dy nyja të përparme të rasës gjinore të gjinisë femërore (**së së**), e para nga këto shkruhet **të**:

frytet e fitores **të së** *resë dhe të shembjes* **të së** *vjetrës; hartimi i nxënëses* **të së** *pestës së tetëvjeçares; ditëlindja e vajzës* **të së** *motrës; dita e dasmës* **të së** *mbesës; përpara forcës* **të së** *vërtetës;* **kërkesat** *i përgjigjen detyrës* **të së** *sotmes e* **të së** *ardhmes* etj.

§ 56

Midis emrave mashkullorë që lakohen si femërorët (*axhë, bacë, dajë, gegë, hoxhë, lalë, toskë; Bato, Gjokë, Kolë, Pirro, Sulë* etj.) dhe emrave ose mbiemrave që i përcaktojnë ata, pas rasës emërore të të përcaktuarve shkruhet nyja **i,** ndërsa në gjinore, dhanore e rrjedhore shkruhet nyja **së:**

axha **i** *Agimit, (i, e) axhës* **së** *Agimit; daja* **i** *Zanës, (i, e) dajës* **së** *Zanës; Leka* **i** *Madh, (i, e) Lekës* **së** *Madh; Kola* **i** *Gjokës, (i, e) Kolës* **së** *Gjokës* etj.

§ 57

Mbiemrat e nyjshëm të shkallës pohore, kur vijnë pas një emri femëror në rasën gjinore a dhanore të trajtës së pashquar të njëjësit, shkruhen me nyjën **të,** ndërsa kur vijnë pas një emri në trajtën e shquar, shkruhen me nyjën **së:**

oborri **i** *një shkolle* **të** *madhe; fitoret e një brigade* **të** *re; flamuri iu dorëzua një punëtoreje* **të** *dalluar* etj.;
oborri i shtëpisë **së** *madhe; fitoret e brigadës* **së** *re; flamuri iu dorëzua punëtores* **së** *dalluar* etj.

§ 58

Në shkallën krahasore dhe në sipëroren e formuar me pjesëzën **më** mbiemrat e nyjshëm që përcaktojnë një emër femëror, në të gjitha rasat e zhdrejta të njëjësit shkruhen me nyjën e përparme **të,** ndërsa, kur ndodhen para emrit, shkruhen me nyjën **së:**

hartimi i një rregulloreje **të** *re e më* **të** *plotë; ndërtimi i një fabrike më* **të** *madhe se e para* etj.;
çmimi iu dha shkollës më **të** *dalluar të rrethit; prodhimi i verës më* **të** *mirë të vendit* etj.;
prodhimi i më **së** *mirës verë të vendit; zbriti prej më* **së** *lartës majë të Shqipërisë* etj.

§ 59

Mbiemri i nyjshëm që ndjek një kundrinë të drejtë, të shprehur me një emër në kallëzore të shquar, merr nyjën **e,** kur është cilësor, dhe nyjën **të**, kur ka funksion kallëzuesor:

ndaji mollët **e** *mëdha nga të voglat; ngriti dorën* **e** *djathtë; përdorini drejt trajtat* **e** *shkurtra të përemrit; por: i dua mollët* **të** *ëmbla; e ka dorën* **të** *mbarë; gënjeshtra i ka këmbët* **të** *shkurtra; i ka rrënjët* **të** *thella* etj.

§ 60

Mbiemrat e nyjshëm që ndjekin një emër në rrjedhoren e pashquar të shumësit marrin nyjën **të** e jo **së**:

(prej) malesh **të** *larta; (prej) lumenjsh* **të** *rrëmbyer; (pas) kërkimesh* **të** *pandërprera; (prej) krahinash të largëta; (prej) erërash* **të** *forta* etj.

§ 61

Përemrat pronorë *im, ime, yt, jote, ynë, jonë, juaj,* qoftë kur përdoren thjesht si përemra, qoftë kur përcaktojnë një emër, shkruhen pa nyjë të përparme:

libri **im;** *ky libër është* **imi;** *puna* **ime;** *kjo punë është* **imja;** *djali* **yt;** **yti** *është ky djalë?; shtëpia* **jote;** *kjo shtëpi është* **jotja;** *vendi* **ynë;** *ky vend është* **yni;** *shkolla* **jonë;** *kjo shkollë është* **jona;** *kooperativa* **jonë;** *kooperativa* **jonë** *dhe* **juaja** etj.

Përemrat pronorë e *(të) mi*, e *(të) mia*, e *(të) tu*, e *(të) tua*, i *(e, të) tij*, i *(e, të) tyre*, i *(e, të) saj* shkruhen me nyjë të përparme në të gjitha trajtat dhe përdorimet e tyre:

nxënësit e **mi;** *fletoret* e **mia;** *djemtë* e **tu;** *duart* e **tua;** *shkolla* e **tij;** *motra* e **saj;** *fshati* i **tyre;** *nëna* e **tyre** etj.

SHKRIMI I DISA PJESËZAVE DHE PARAFJALËVE

§ 62

Trajtat foljore që formohen me **do të** shkruhen zakonisht të plota:

do të *shkoj*, **do të** *shkoja*, **do të** *kem shkuar*, **do të** *kisha shkuar* etj.

§ 63

Pjesëza **të**, që vihet përpara lidhores ose përpara pjesores, shkruhet rregullisht në të gjitha rastet e përsëritjes së trajtave foljore përkatëse bashkë me parafjalët që mund të ketë përpara (**për, me**):

të *jetojmë*, **të** *punojmë* dhe **të** *mendojmë si revolucionarë* etj.; **për të** *studjuar*, **për të** *kuptuar* dhe **për të** *zbatuar drejt udhëzimet;* **me të** *arritur e* **me të** *parë gjendjen, ai mori masa* etj. (dhe jo: *të jetojmë, punojmë dhe mendojmë si revolucionarë; me të arritur e parë gjendjen, ai mori masa* etj.).

§ 64

Pjesëza **duke** e përcjellores shkruhet në të gjitha rastet e përsëritjes së kësaj trajte foljore; në raste mohimi, bashkë me të përsëritet dhe pjesëza **mos:**

ata shkonin **duke** *kënduar e* **duke** *brohoritur;* **duke** *parë e* **duke** *bërë;* **duke** mos *njohur e* **duke** mos *marrë parasysh rrethanat* etj.

§ 65

Pjesëza **pa** përpara pjesores shkruhet rregullisht në të gjitha rastet e përsëritjes së kësaj trajte foljore:

pa *u lodhur e* **pa** *u përpjekur nuk bëhet gjë;* **pa** *punuar,* **pa** *ujitur e* **pa** *plehëruar mirë tokën, nuk merren prodhime të mëdha.*

§ 66

Parafjalët **në, te (tek), me, nga, prej** e të tjera si këto zakonisht përsëriten në shkrim, sa herë që bashkërenditen dy a më shumë emra a përemra, me të cilët ato lidhen:

në *pranverë,* **në** *verë,* **në** *vjeshtë e* **në** *dimër* etj.; **te** *ilirët,* **te** *trakasit e* **te** *popujt e tjerë* etj.; **me** *të ngrënë e* **me** *të pirë;* **me** *hekur e* **me** *zjarr;* **me** *mish e* **me** *shpirt;* **me** *thonj e* **me** *dhëmbë* etj.; **nga** *Elbasani,* **nga** *Gjirokastra e* **nga** *Vlora* etj.; **prej** *Himare e* **prej** *Mirdite;* **as** *në sjelljet,* **as** *në fytyrën e tij nuk vërehej shenjë tronditjeje;* **nga** *shtati,* **nga** *dituria,* **nga** *fjala nuk kishte shok* etj.

Këto parafjalë mund të mos përsëriten për arsye të caktuara kuptimore ose stilistike:

në *fshatra e qytete;* **me** *shokë e shoqe; u nisën delegatët* **nga** *Shkodra, Durrësi, Berati e Korça; qindra partizanë,* **me** *pushkë e mitraloza, u turrën mbi armikun; shkolla jonë socialiste kërkon* **nga** *mësuesit e pedagogët një stil të ri pune* etj.

V. SHKRIMI I FJALËVE NJËSH, NDARAS DHE ME VIZË NË MES

§ 67

Shkruhen njësh të gjitha ato njësi që nga pikëpamja leksikore përbëjnë një fjalë të vetme* dhe ndaras ato njësi që janë pjesë e një togfjalëshi, e një lokucioni ose e një emërtimi të përbërë.

A. Shkruhen njësh, si një fjalë e vetme, pa vizë në mes:

a) fjalët me parashtesa:

antifashist, antiimperialist, i derisotshëm, joantagonist, (folje) jokalimtare, jokapitalist, joproletar, jozyrtar, kundërsulm, kundërvënie, i mëparshëm, i mëvonshëm, mospërfillje, mossulmim, nëndrejtor, nënndarje, nëntoka, i paaftë, paaftësi, i pabesë, i papërshtatshëm, parregullsi, i parregullt, pasiguri, i pashkollë, i pashpresë, i paraçlirimit, parafytyrim, i parakohshëm, parashkollor, (periudha) e pasluftës, prapaskenë, riatdhesim, sipërmarrje etj.;

---

*) Për fjalët e këtij tipi që shkruhen me vizë lidhëse në mes, shih më poshtë §68.

b) fjalët e përbëra me lidhje përcaktore ndërmjet gjymtyrëve të tyre:

anarkosindikalist, armëpushim, asimzenelas, (i, e) ashtuquajtur, bajramcurras, bakërpunues, ballëgjerë, ballëhapur, ballëlart, bashkatdhetar, bashkëjetesë, bashkëveprim, besëlidhje, besëpakë, bishtdhelpër, bojargjend, bojëbizele, bojëçelik, bojëfinjë, bojëgështenjë, bojëgrurë, bojëgjak-e, bojëlimon, bojëmanushaqe, bojëmjaltë, bojëportokall, bojëshegë, bojëtjegull, bojëtullë, bojëvjollcë, bojuthull, bollujsë, botëkuptim, breshkujëse, buzëpaqeshur, buzëqeshur, datëlindje, dëmshpërblim, ditëlindje, disavjeçar-e, dobiprurës, dorëcung, dorështrënguar, dorëzonjë, dredhalesh, dritëshkurtër, druprerës, duarkryq, duarlidhur, duarplot, dyfish, dyvjeçar, dhjetëgarëshi, dhjetëvjeçar, elektromagnetik, elektromekanik, faqebardhë, faqekuq, fatpadalë, fjalëformim, fjalëkryq, fletanketë, fletëdalje, fletëhyrje, fletëlavdërim, fletërrufe, flokëgështenjë, flokëpakrehur, flokëverdhë, fotoekspozitë, fotoreporter, fuqiplotë, furrnaltë, frymëmarrje, gurgdhendës, gurkali, gjeneralkolonel, gjeneralmajor, gjuhëlopë, gjuhënuse, gjysmagjeli, gjysmanalfabet, gjysmëhënë, gjysmëkoloni, gjysmëproletar, gjysmëzyrtar, hekurkthyes, hekurudhë, hirplotë, ideoestetik, jashtëshkollor, juglindje, katërkëndësh, këmbëkryq, këmbëngulje, këpucëbërës, kokëfortë, kokëshkëmb, kokulur, korparmatë, krahabishtshkulë, krahëhapur, kryekomandant, kryemjek, kryemjeshtër, kryeqytet, kryeredaktor, kryeradhë, kryerresht, kryetrim, kryevend, kryeveteriner, kundëradmiral, kundërpeshë, kundërpërgjigje, kundërsulm, kundërveprim, leshracullufedredhur, letërnjoftim, liridashës, luftanije, luftënxitës, luledele, lulefilxhan, lulelakër, lulemëllagë, lulemustak, luleshqerrë, luleshtrydhe, lulëgjake, lulë-

kuqe, marrëveshje, mesoburrë, mosmarrëveshje, mustaqepadirsur, nacionalçlirimtar, (shtresa) naftëgazmbajtëse, ndihmësministër, ndihmësmjek, ndihmësveteriner, neofashist, orëndreqës, paqedashës, paraardhës, paradhënie, paragjykim, parakalim, pararojë, pesëgarësh, pesëmbëdhjetëditëshi, pikëmbështetje, pikënisje, pikëpamje, pikëpyetje, pikësynim, pjesëmarrës, pjesëmarrje, i porsaardhur, i porsalindur, postbllok, prapambetje, praparojë, prapavijë, procesverbal, projektbuxhet, projektplan, pulëbardhë, pulëdushke, qindvjetori, qymyrguri, radiodhënës, radiomarrës, radiopërhapje, rrobalarëse, rrobaqepës, rrugëdalje, socialdemokrat, symbyllurazi, sypatrembur, syshqiponjë, syzi, shkozëbardhë, shkozëzezë, i shumanshëm, shumëfishi, shumëfishoj, tejkaloj, tejpamës, (e kryer) e tejshkuar, teneqepunues, tetorëshi, trefish, trevjeçar, truprojë, udhëheqës, udhëheqje, udhëkryq, ultratingull, vajguri, vajgursjellës, vendburim, vendkalim, vendlindje, vendqëndrim, vendrojë, vendvarrim, vetëshërbim, vetëvendosje, vojokushas, vullnetmirë, zemërgur, zemërmirë, zëvendëskryeredaktor, zëvendësministër etj.

Shënim. Kur njëra nga gjymtyrët e një fjale të përbërë është e formuar prej pjesësh që lidhen me lidhëzat **e** ose **a**, këto pjesë shkruhen me vizë midis tyre:

gjuhëhelm-e-thikë, dorë-e-këmbargjendeja, gushë-e-llërë-e--gjibardhoshe, shpirt-e-zemërmadh etj.

Kur gjymtyrët e para të dy a më shumë fjalëve të përbëra, të renditura njëra pas tjetrës, përcaktohen nga një gjymtyrë e përbashkët, që, për arsye shkurtimi, shënohet vetëm një herë, pas tyre vihet një vizë lidhëse:

(lejë) dy- a triditëshe, (botime) dy- e mëshumëvëllimëshe, (paketë) katër- a pesëkilogramëshe, (ndërtesa) një- a mëshumëkatëshe, (periudha) e para- dhe pasçlirimit, (enë) pesë-,

§67 A c, ç

dhjetë- dhe njëzetlitërshe, (ndërtesa) pesë- dhe gjashtëkatëshe, (kamionë) tre-, pesë- dhe shtatëtonësh, (moshat) tridhjetë-, dyzet- dhe pesëdhjetëvjeçare etj.

c) fjalët e përbëra, gjymtyrët e të cilave kanë lidhje këpujore ndërmjet tyre, kur ato janë njësuar plotësisht si nga ana leksikore, ashtu edhe nga ana gramatikore:

ballafaqe, deledash, dritëhije, fytafyt, gushtovjeshtë, hekurbeton, juglindje, juglindor-e, këmbadoras, marrëdhënie, pulagjel, shitblerje, shurdhmemec, verilindje, verilindor, veriperëndim, veriperëndimor, veshmbathje etj.;

ç) fjalët e përbëra e të përngjitura, të cilat janë ngulitur prej kohësh si të tilla në gjuhë, si nga ana leksikore, ashtu edhe nga ana gramatikore:

emra: *(ditët e) djegagurit, ecejaket, farefis, fëshfëshe, gjëegjëzë, qoftëlargu, rraketake, shtrojerë, shtojzavalle, taketuke, thashetheme* etj.;

mbiemra: *i pakundshoq, (i, e) pandonjëtëmetë, (i, e) patëmetë, (i, e) pavënëre* etj.;

numërorë: numërorët themelorë që nga *njëmbëdhjetë* deri më *nëntëmbëdhjetë*, ata që tregojnë dhjetëshe, qindëshe, si edhe numërorët rreshtorë, pavarësisht nga numri i pjesëve përbërëse të tyre:

njëmbëdhjetë, dymbëdhjetë, trembëdhjetë... nëntëmbëdhjetë; tridhjetë, pesëdhjetë, gjashtëdhjetë, nëntëdhjetë etj.; *njëqind, dyqind, treqind, katërqind* etj.;
(i, e) njëmbëdhjetë, (i, e) dymbëdhjetë, (i, e) një-

*zetenjëtë, (i, e) tridhjetenëntë, (i, e) pesëdhjetegjashtë,
(i, e) njëqindedytë, (i, e) pesëqindegjashtëdhjetekatërt,
(i, e) njëmijekatërqindepesëdhjeteshtatë, (i, e) njëmi-
liontë, (i, e) njëmilionepesëqindmijekatërqindeshtatë-
dhjetetretë, (i, e) njëmiliardtë* etj.;

përemra të pakufishëm: *akëcili, akëkush, akëse-
cili, asgjë, askurrkush, askush, asnjeri, asnjë, asnjëri,
cilido, cilëtdo, çdo, çdonjëri, çfarëdo, diçka, dikush,
disa, gjëkafshë, gjësendi, gjithçka, gjithfarë, gjithkush,
gjithsecili, gjithsekush, kurrfarë, kurrgjë, kushdo, mos-
gjë, moskush, mosnjeri, ndoca, ndokush, ndonjë, ndo-
njëri, pakkush, rrallëkush, secili, secilido, sekush, si-
kush, shumëkush, tjetërkush* etj.;

ndajfolje e parafjalë: *afërmendsh, anembanë,
asgjëmangut, askund, askurrë, asnjëherë, asodore,
aspak, atëbotë, atëherë, ballaballas, ballafaqas, brenda-
përbrenda, brezahypthi, buzagas, dalngadalë, doemos,
domosdo, dosido, drejtpërdrejt, drejtpërsëdrejti, duar-
plot, gjithandej, gjithaq, gjithashtu, gjithherë, gjithkah,
gjithkund, gjithmonë, gjithnjë, gjithsaherë, hëpër-
hë, kalaqafë, kësisoj, këmbëcingthi kësodore, kurr-
kund, kryekëput, kryekreje, matanë, mbasandaj,
mbasdite, medoemos, menjëherë, mezi, mënjanë, mi-
rëfilli, moskund, moskurrë, mosnjëherë, ndërdysh,
ndërdyshas, ndërkohë, ndërmjet, ndonjëherë, ndopak,
(më vjen) ndoresh, ngadita, ngado, ngaherë, ngando-
njëherë, nganjëherë, (zë) ngoje, (marr) ngrykë, njëditë-
zaj, njëfish, njëherazi, njëherë, njëlloj, njëmend, një-
natëzaj, njëzëri, padashur, pakmos, paksa, paksëpaku,
papritmas, parandej, pardje, pareshtur, parmbrëmë,
parvjet, paskëtaj, pasnesër, patjetër, përballë, për-
brenda, përbri, përditë, përdhe, përdhuni, përfaqe, për-
fundi, përgjithmonë përgjumësh, përgjysmë, përherë,*

§67 Aç

përjashta, përjetë, përkëtej, përkrah, përkundra, përkundrejt, përmbrapa, përmendsh, përmes, përnatë, përnjëherë, përnjëherësh, përnjëmend, përpara, përpjetë, përplot, përposh, përqark, përreth, përsëri, përsipër, përtej, prapëseprapë, qëkur, qëmoti, qëparë, rrallëherë, sakaq, sakaqherë, sidokudo, sidoqoftë, shpeshherë, tatëpjetë, tejetej, tejembanë, tejpërtej, tekdo, topgropthi, vetvetiu etj.;

lidhëza: *derisa, domethënë, gjersa, gjithsaherë, kurse, megjithatë, megjithëkëtë, megjithëqë, megjithëse, meqenëse, meqë, mirëpo, ndërsa, ndonëse, ndoqë, ngaqë, ngase, nëse, përderisa, përveçqë, përveçse, poqë, porsa, porse, porsi, posa, prejse, qëkurse, saku, sapo, sesa, siç, sikur, sikurse, tekqë, teksa, veçse* etj.;

pjesëza: *kushedi, pikësëpari, pothuaj, pothuajse, seç, thuajse* etj.;

pasthirrma: *obobo, ububu, falemnderit, faleminderit, lamtumirë, mirëmëngjes, mirëdita, mirëmbrëma, mirupafshim, tungjatjeta* etj.

Shënim. Dallohen në shkrim ndajfoljet: *atëherë, njëherë, përse, qëkur (qyshkur),* lidhëzat *nëse, ngase, sesa,* pjesëza *seç* nga përdorimet e pjesëve përbërëse të tyre si fjalë të veçanta:

kam qenë i vogël **atëherë**; *atëherë, po vij edhe unë me ju,* por: *as këtë herë, as* **atë herë**; **njëherë** *e një kohë,* por: *vjen* **një herë** *në javë;* **përse** *nuk erdhi?*, por: **për se** *është fjala?*: *kam* **qëkur** **(qyshkur)** *që po të pres,* por: **që kur** *ra dëborë u ftoh moti;*

nëse *nuk vjen, më shkruaj,* por: **në se** *e mbështet ti këtë mendim?; nuk erdhi* **ngase** *s'kish kohë,* por: **nga se** *bëhet letra?; më mirë të vdesësh më këmbë,* **sesa** *të rrosh i gjunjëzuar,* por: *nuk e di* **se sa** *është ora;*

seç *këndon bilbili,* por: *nuk e di* **se ç'i** *ka ngjarë.*

d) mbaresa dhe nyja e prapme tek emrat e mbiemrat e huaj të personave e të vendeve:

poemat e **Bajronit**, *«Don Kishoti» i* **Cervantesit**, *operat e* **Çajkovskit**, *letrat e Dora* **d'Istrias**, *jeta e* **Engelsit**, *«Dasma e* **Figaros»**, *veprat e* **Gëtes**, *vendlindja e* **Glinkës**, *veprat e* **Leninit**, *skulpturat e* **Mikelanxhelos**, *veprat e* **Rabëlesë**, *novelat e Stefan* **Cvajgut**, *tragjeditë e* **Shekspirit**, *«Lufta dhe paqja» e* **Tolstoit**, *operat e* **Verdit**, *romanet e Viktor* **Hygoit**, *tregimet e Xhek* **Londonit** etj.;

porti i **Akrës**, **Ankaraja**, *ishulli i* **Borneos**, *ngushtica e* **Gjibraltarit**, *popullsia e* **Honolulusë**, *fushat e* **Irakut**, *pyjet e* **Kongos**, *kryeqyteti i* **Paraguait**, *rrugët e* **Rio-de-Zhanejros**, *ishulli i* **Rodosit**, *ishulli i* **Tahitit**, *Republika e* **Zambias** etj.

B. Shkruhen ndaras:

a) togfjalëshat e tipit *emër në emërore* + *emër në rasën rrjedhore*, gjymtyrët e të cilëve ruajnë pavarësinë e tyre morfologjike:

bar blete, bar ethesh, bar gjaku, bar miu, bar peshku, bar veshi, bar zemre, lule blete, lule dhensh, lule gjaku, lule sahati, lule sapuni, lule shqerrash, vaj peshku etj.

Po kështu shkruhen edhe togfjalëshat me kuptim mbiemëror, të përbërë nga emrat *bojë* ose *ngjyrë* dhe një emër në rrjedhore:

bojë (ngjyrë) argjendi, bojë (ngjyrë) ari, bojë arre,

bojë deti, bojë dheu, bojë gruri, bojë hiri, bojë limoni, bojë mishi, bojë mjalti, bojë plumbi, bojë preshi, bojë qielli, bojë shege, bojë tulle, bojë ulliri, bojë uthulle, bojë vaji etj.

Shënim. Në pajtim me përdorimin e sotëm emërtimet *gjel deti, lule dielli, panxhar sheqeri* mund të shkruhen edhe njësh, si fjalë të vetme: *gjeldeti, luledielli, panxharsheqeri.*

b) ndajfoljet dhe lokucionet ndajfoljore si: *së afërmi, së bashku, së dyti, së fundi, së jashtmi, së larti, së paku, së pari, së toku, së thelli; më së fundi, më së miri; për së afërmi, për së gjalli, për së largu, për së mbari* etj.;

më dysh, më tresh, më katërsh; për një, për dy, për tre etj.;

c) lokucionet ndajfoljore të formuara nga dy fjalë, të njëjta ose të ndryshme, të lidhura në mes tyre me një parafjalë ose me lidhëzën **e**:

këmbë mbi këmbë; dita me ditë, nata me natë; buzë më buzë, dorë më dorë, gojë më gojë, grykë më grykë, kokë më kokë, kot më kot, krah më krah, majë më majë, qoshe më qoshe, sy më sy, thikë më thikë, vesh më vesh; ca nga ca, dy nga dy, një nga një, pak nga pak, tre nga tre; rrugë pa rrugë, punë pa punë; brez pas brezi, herë pas here, kohë pas kohe; aty për aty, ballë për ballë, ditë për ditë, dorë për dorë, dhëmb për dhëmb, fjalë për fjalë, krah për krah, mes për mes, mot për mot, një për një, pikë për pikë, sot për sot, sy për sy, tani për tani, vit për vit etj.;

fund e krye, fund e majë, kokë e këmbë, lesh e li; qesh e ngjesh; shkel e shko; mirë e tumirë, keq e *tukeq; mbarë e prapë, rreth e (për)qark, rreth e rrotull, veç e veç* etj.;

ç) ndërtimet e tipit *me* ose *për* + *emër në kallëzore të pashquar*, me vlerë kryesisht ndajfoljore:

me ditë, me hir, me kohë, me natë, me ngut, me padurim, me pahir, me radhë, me rend, me vrap; për shembull, me të pabesë etj., po kështu edhe *(më ra) ndër mend; (e la) pas dore* etj.

d) numërorët themelorë të formuar me pjesëmarrjen e fjalëve *mijë, milion, miliard* etj. dhe pjesët përbërëse të një numërori themelor, të lidhura me lidhëzën **e**:

një mijë, dy mijë, tri mijë, dhjetë mijë, pesëmbëdhjetë mijë, dyzet mijë, dyqind mijë, një milion, dy milion..., një miliard, dy miliard... etj.;

njëzet e një, njëzet e shtatë, tridhjet e dy, dyzet e katër, shtatëdhjetë e tre, njëqind e një, njëqind e trembëdhjetë, treqind e pesëdhjetë e katër, një mijë e nëntëqind e shtatëdhjetë e tre, njëzet e tetë mijë e katërqind e pesëdhjetë e shtatë, një milion e pesëqind mijë e dyqind e dymbëdhjetë etj.;

dh) lokucionet parafjalore ose lidhëzore si:

aq sa; ashtu si; deri ku, deri kur, deri në, deri te; duke qenë se; edhe pse, edhe sikur; gjer kur, gjer në, gjer te; kaq sa; kështu që; kurdo që; mjaft që; në është se, në qoftë se; në mënyrë që, në rast se; ngado që; po qe se, po të jetë se; që në, që se, që te; qysh se; sado që; sapo që; si edhe; sido që; tekdo që; vetëm se etj.;

e) shprehjet emërore *për qind, për mijë* etj.;

pesë për qind, qind për qind, njëqind e pesëdhjetë e pesë për qind, dyqind për mijë; 8 për qind, 120 për qind, 50 për mijë etj.*;

ë) pjesëza **u** e trajtave pësore-vetvetore, kur ndodhet para foljes:

u afrova, u kërkua, u lodhëm, u nisëm etj.;

f) lokucionet pasthirrmore që shprehin përshëndetje, urime, falënderime, ngushëllime etj., pjesët përbërëse të të cilave e ruajnë pavarësinë e tyre **gramatikore**:

Mbeçi me shëndet!, Mirë ardhshi!, Mirë ju gjetshim!, Mirë se erdhe!, Mirë se ju gjeta!, Mirë se erdhët!, Mirë se na erdhët!, Mirë se vjen!, Mirë se na vjen!, Mirë se vini!, Mirë se të vini!, Puna mbarë!, Punë të mbarë!, Udha mbarë!, Udhë të mbarë!, Mbarë pastë!, Nga mot gëzuar!, E paçim me jetë!, Për shumë vjet!, Për shumë vjet gëzuar!, Qofshi shëndoshë!, Me shëndet!, Shëndet paç!, Shëndet paçi!, Shëndet paçin! etj.;

Ju falemi nderit!, Të falem nderit! etj.;

Kryet shëndoshë!, Qofshi vetë!, Të rrosh vetë!, Vetë shëndoshë! etj.

Po kështu shkruhen edhe: *Si urdhëron!, Si urdhëroni!* etj.

---

*) Shenjat % (*për qind*) dhe %₀ (*për mijë*) mund të përdoren vetëm pas një numri të shënuar me shifra: 5%, 90%, 80%₀.

§ 68

Shkruhen me vizë lidhëse në mes:

a) formimet e përftuara nga përsëritja e një fjale në të njëjtën trajtë ose në trajta të ndryshme, nga bashkimi i dy antonimeve, i dy numërorëve themelorë (për të shënuar një sasi të përafërt), formimet onomatopeike të përftuara nga përsëritja e një fjale në të njëjtën trajtë ose në trajtë të ndryshuar:

copë-copë, çika-çika, duar-duar, fije-fije, fletë--fletë, grigje-grigje, grupe-grupe, gunga-gunga, herë--herë, kokrra-kokrra, kortarë-kortarë, kuti-kuti, lara--lara, lloj-lloj, ngjyra-ngjyra, palë-palë, petë-petë, pika-pika, pjesë-pjesë, radhë-radhë, rripa-rripa, shkallë-shkallë, togje-togje, tufa-tufa, thela-thela, valë--valë, vende-vende, vise-vise, vrima-vrima, xhunga--xhunga, zhele-zhele etj.; *dita-ditës, dora-dorës, hera--herës, këmba-këmbës* etj.; *njëri-tjetri, shoqi-shoqin* etj.; *çalë-çalë, fort-fort, gati-gati, hollë-hollë, rëndë--rëndë, shumë-shumë, vonë-vonë* etj.

aty-këtu, hyrje-dalje, (punëtorët e) ngarkim-shkarkimit, poshtë-lart, pritje-përcjellje, vajtje-ardhje etj.;

dy-tri orë, dhjetë-pesëmbëdhjetë vjet, 10-15 vjet, katër-pesë veta, pesë-gjashtë ditë, 5-6 ditë, afate dy--tremujore, periudha njëzet-tridhjetëvjeçare etj.;

bam-bam, ciu-ciu, dër-dër, fiu-fiu, ham-ham, hum-hum, kuak-kuak, llap-llap, osh-osh, tak-tak, zdruj--zdruj etj.; *bam-bum, fap-fup, gau-giu, ham-hum, paf--puf, tik-tak* etj.; *gëk-mëk, lecka-pecka, qorr-morr* etj.;

b) emërtimet e përbëra të njësive të matjes:

ditë-njeri, ditë-punë, gram-molekulë, kalë-fuqi, kuaj-fuqi, kilovat-orë, orë-makinë, orë-normë, orë-njeri, ton-kilometër, vit-dritë etj.

Kështu shkruhen edhe emërtimet e përbëra të njësive të ndryshme të klasifikimit: *grup-kulturë, grup--mallra, grup-moshë* etj.;

c) emërtimet jo të thjeshta me lidhje këpujore plotësuese ose me lidhje përcaktore-ndajshtimore ndërmjet pjesëve përbërëse të tyre:

bar-bufe, bar-lulishte, hotel-restorant, kafe-restorant, miniera e hekur-nikelit, (trajta) pësore-vetvetore, postë-telegraf-telefon etj.;
dhomë-muze, shtëpi-muze, qytet-muze, qytet-hero, dyqan-shtëpi, hotel-pension, vagon-cisternë, vagon--restorant, vinç-kullë, vinç-urë, sëpatë-daltë, organizatë-bazë, (punimet e) shpim-kërkimit, (brigada e) shpim--shfrytëzimit; të shpim-vlerësimit, plan-detyrë, qen-ujk etj.;

ç) formimet terminologjike të tipit:

(raketa) ajër-ajër, ajër-tokë; tokë-ajër, tokë-tokë etj.;

d) formimet e tjera jo të thjeshta, kryesisht mbiemërore, pjesët e të cilave kanë midis tyre lidhje këpujore që shprehin marrëdhënie plotësuese ose të ndërsjellta:

agraro-industrial, analitiko-sintetik, bujqësor-industrial, ekonomiko-shoqëror, historiko-gjeografik, po-

litiko-kulturor, politiko-shoqëror, tekniko-material, ushtarako-politik etj.;

afro-aziatik, anglo-amerikan, austro-hungarez, balto-sllav, franko-gjerman, greko-romak, shqiptaro-grek, trako-ilir etj.*;

fjalor frëngjisht-shqip, fjalor latinisht-shqip, fjalor shqip-rusisht-frëngjisht etj.

Po kështu shkruhen: *marksizëm-leninizëm, marksist-leninist, marksiste-leniniste.*

dh) pjesëza *ish-* përpara emërtimeve të ndryshme:

ish-drejtor, ish-komandant, ish-komisar, ish-kryeqyteti, ish-kryetari i Këshillit Popullor të Rrethit..., ish-ministër etj.;

e) emërtimet e përbëra të pikave të horizontit, të formuara prej një fjale të thjeshtë dhe prej një fjale të përbërë:

jug-juglindje, jug-jugperëndim, lindje-verilindje, perëndim-jugperëndim, veri-verilindje etj.;

ë) emrat e përbërë të krahinave e të fshatrave të vendit tonë, me lidhje bashkërenditëse, ndajshtimore ose me lidhje përkatësie:

Ballaj-Vendas, Bardhaj-Reç, Çal-Barzez, Çerkez-Morinë, Çermë-Biçak, Dars-Fshat, Mborje-Drenovë, Nikaj-Mertur, Pezë-Helmës, Rreth-Greth etj.; *Gjeçaj-*

---

*) Kur formimet e këtij tipi shënojnë njësi etnike ose gjuhësore të ngulitura historikisht, shkruhen pa vizë në mes, si fjalë të vetme: *anglosakson, (gjuhët) indoevropiane, istrorumanishtja, retoromanishtja, serbokroatishtja* etj.

-Kodër, Labinot-Fushë, Labinot-Mal, Papër-Sollak etj., Dushk-Peqin, Fier-Shegan, Fushë-Arrëz, Fushë-Lurë, Fushë-Muhur, Krej-Lurë, Kulej-Papër, Lab-Martalloz, Nivicë-Bubar, Toskë-Martalloz, Ujë-Lurth, Zall-Dajt, Zall-Dardhë, Zall-Herr etj.;

f) emrat e përbërë gjeografikë të huaj, edhe kur pjesët përbërëse lidhen midis tyre me një parafjalë, lidhëz ose nyjë:

Alma-Ata, Alzas-Lorenë, Amu-Darja, Bab-el-Mandeb, Brest-Litovsk, Buenos-Ajres, Dar-es-Salam, Frankfurt-mbi-Majn, Hong-Kong, Il-dë-Frans, Komsomolsk--mbi-Amur, Kosta-Rika, Kuala-Lumpur, Nju-Delhi, Nju-Jork, Pa-dë-Kale, Port-Artur, Port-Said, Rostov--mbi-Don, San-Francisko, San-Hoze, San-Huan, San--Marino, San-Salvador, Santo-Domingo, Sent-Etien, Sierra-Leone, Sierra-Morena, Sir-Darja, Tel-Aviv, Tian--Shan, Ulan-Bator etj.

Te emërtimet gjeografike, që si pjesë të parë kanë një nyjë të përparme në gjuhët përkatëse, ndërmjet saj dhe pjesës tjetër nuk vihet vizë lidhëse: *La Paz, La Plata, La Valeta, Los Anxhelos* etj.

g) emrat ose mbiemrat e huaj të personave të përbërë prej dy a më shumë pjesësh:

Abu-Ali, Abu-Ali-Ahmet, Frederik Zholio-Kyri, Ge-Lisak, Ibn-Batuta, Ibn-Rusta, Ibn-Sina, Mak Donald, Mamin-Sibirjak, Mari-Luizë, Martin Andersen--Neksë, Mendelson-Bartoldi, Rimski-Korsakov, Saltikov-Shedrin, Sen-Sans, Sen-Simon, Sen-Zhyst, Zhan--Zhak Ruso etj.

Shënim 1. Kur midis emrit dhe mbiemrit të një personi të huaj ndodhet një nyjë ose një pjesëz, këto zakonisht shkruhen veç: *Antonis van Dajk, Dora d'Istria, Fergys O Konor, Gi dë Mopasan, Leonardo da Vinçi, Lope de Vega, Mahmud al Kazhgari, Miguel de Cervantes, Shon O Kejsi, Vincent van Gog, Zhanë d'Ark* etj.

Shënim 2. Pjesët përcaktuese të mbiemrave të personave shkruhen pa vizë lidhëse e pa kllapa: *Aleksandër Dyma Biri, Gavril Dara Plaku, Gavril Dara i Riu, Katoni i Ri* etj.

Shënim 3. Pjesa *-ogllu* e emrave të burimit turk shkruhet njësh me emrin vetjak përkatës: *Osmanogllu, Pazvanogllu* etj.

Shënim 4. Gjymtyrët përbërëse të emrave dhe të mbiemrave kinezë, koreanë, vietnamezë e birmanë shkruhen veç e veç, pa vizë në mes: *Fan Dinj Fung, Li Sun Sin, Lu Sin, Ngujen Van Troi* etj.

gj) numërorët rreshtorë, kur vetë numri ose një pjesë e tij shënohet me shifra arabe:

klasa e 2-të, kreu i 4-t, e 5-ta A, Kongresi i 6-të, shekulli i 20-të, viti i 29-të i Çlirimit, i 74-ti, i 50-mijëti ose i 50 000-ti, i 200-milionti ose i 200 000 000-ti etj.

Po kështu shkruhen: *400-shi 500-shi, 900-shi, 300 000-shi* ose *300-mijëshi* etj.

Kur numërori rreshtor shkruhet me shifër romake, përdoret pa prapashtesë dhe pa nyjë të përparme:

klasa I, Kongresi V, Kreu XVI, viti XXIX i Çlirimit, Gjergj Balsha I, Luigji XIV, Mehmeti II etj.

Shënim. Numërorët rreshtorë që shënojnë shkallët e përgjegjësisë në organizatat shoqërore, në ushtri etj., shkruhen gjithnjë me shkronja e jo me shifra romake:

*kapiten i **parë**, piloti i **dytë**, sekretari i **parë** i Komitetit të Partisë të ..., sekretari i **dytë** i ambasadës* etj.

h) emërtimet e përvjetorëve dhe formimet e ngjashme me to, kur numërori shënohet me shifër:

50-vjetori i Pavarësisë; 25-vjetori i themelimit të Partisë; shkolla 8-vjeçare; 15-ditëshi i parë i shtatorit; 30-vjetëshi i parë i shekullit XIX etj.

Por, kur numërori shënohet me shkronja, fjala shkruhet si një e vetme, pa vizë në mes: **pesëdhjetëvjetori** *i Pavarësisë;* **pesëqindvjetori** *i vdekjes së Skënderbeut;* **njëzetepesëvjetori** *i themelimit të Partisë;* shkolla **tetëvjeçare;** **pesëmbëdhjetëditëshi** *i parë i shtatorit* etj.;

i) emërtimet e veçanta të mjeteve teknike, si edhe emërtimet e ngjashme konvencionale, në përbërjen e të cilave hyn edhe një numër i shënuar me shifra:

B-52, Boing-707, F-100, Il-18, Gaz-69, Mig-21, T-34, TU-104, U-2, Apolo-14, Kozmos-130; Plani D-4, Agjenti J-33 etj.

Po kështu shkruhen edhe numrat e telefonave dhe të targave të automjeteve, kur përbëhen nga grupe shifrash p.sh.:

27-51, 25-09, 41-44, 55-70, 55-76;
BR 68-65, DR 42-68, ER 50-52, KO 43-93, TR 03-97, UP 05-06-50 etj.;

j) emërtimet e shkurtuara të institucioneve, të zyrave, të ndërmarrjeve, të organizatave etj.; viza lidhëse në këtë rast vihet midis tyre dhe nyjës së prapme ose mbaresës:

SMT-ja e Lushnjës, punonjësit e NB-ve, Komiteti Qendror i BRPSH-së, sesioni i 28-të i OKB-së, Shtabi i ABD-së, korrespondentët e ATSH-së, nëpunësit e

PTT-së, oxhaku i TEC-it, anëtarët e BRASH-it, rregullorja e FIFA-s etj.;

k) emërtimet e përbëra nga një pjesë e shkurtuar dhe nga një pjesë e plotë:

NI-Kimike, NI-Profarma, NI-Pyjore, NI-Qelqi, NI-Tulla etj.;

l) shkronjat, numrat (kur shkruhen me shifra), pjesët e pandryshueshme të ligjëratës, si edhe elemente që nuk janë pjesë të ligjëratës, kur përdoren si emra dhe marrin tregues të trajtave rasore:

a-*ja;* **b**-*ja;* **vëru** *pikat* **ë**-*ve;* **vër pikën mbi i**-*në;* **d**-*ja është bashkëtingëllore;* **y**-*ja është zanore; të gjendet* **x**-*i* etj.; **1**-*ja;* **2**-*ja;* **3**-*ja;* **7**-*a;* **15**-*a; kryengritja e* **1911**-*s; ngjarjet e* **1924**-*s; aksionet kryesore gjatë* **1943**-*së* etj.; **e**-*ja,* **dhe**-*ja,* **as**-*i janë lidhëza këpujore; kuptimet e* -**tar**-*it si prapashtesë;* **zë**-*ja është prapashtesë zvogëlimi;* **pse**-*ja është ndajfolje pyetëse* etj.;

11) komandat ushtarake të përbëra nga dy ose më shumë pjesë; viza lidhëse në këtë rast vihet midis pjesëve përbërëse të tyre:

Para-marsh!, Me vrap-marsh!, Prapa-ktheu!, Gjysmëdjathtas-kthehu!, Në vend-numëro!, Skuadër-ndal!, Skuadra, djathtas-kthehu!, Në krah-armë!, Pranë këmbës-armë!, Në sup-armë!, Në krahaqafë-armë!, Djathtas--ndero!, Togë-ndal!, Toga-mblidhu!, Bajonetë-drejto!, Bajonetë-përkul!, Për nder-armë!, Armë-zbraz!, Majtas-eja në radhë! Largësi-zmadho!, Rrip-zgjato!, Kompania, në vijë togë-kolonë-mblidhu!, Batalioni, në vijë kompani-kolonë-mblidhu! etj.

§ 69

Shkruhen me vizë të gjatë në mes tyre:

a) emrat e përveçëm që shënojnë caqet e një hapësire gjeografike, si edhe emrat që shënojnë caqe kohore:

gara e çiklizmit Tiranë—Elbasan—Korçë; hekurudha Rrogozhinë—Fier; kanali Peqin—Kavajë, kanali Vjosë—Levan—Fier; largësia Tokë—Diell; vija ajrore Paris—Tiranë—Pekin; lundrimi Amerikë—Evropë; udhëtimi Francë—Argjentinë—Australi; udhëtimi Tokë—Hënë etj.;

periudha janar—maj; periudha pranverë—vjeshtë etj.;

b) numërorët që shënojnë caqet e një hapësire kohore:

periudha 1939—1944; tridhjetëvjetori i themelimit të Partisë 8.XI.1941—8.XI.1971; katërqindvjetori i lindjes së Budit 1566—1966; Konferenca e Parë e Studimeve Albanologjike 15—21.XI.1962; Kongresi i Drejtshkrimit të Gjuhës Shqipe 20—25.XI.1972; pesëqindvjetori i vdekjes së Skënderbeut 1468—1968; plani i katërt pesëvjeçar 1966—1970; viti shkollor 1973—1974; letërsia e shekujve XIX—XX etj.;

c) dy a më shumë emra të veçantë ose emërtime, fjalë a togje fjalësh të veçanta, të cilat kanë ndërmjet tyre marrëdhënie të ndërsjellta, janë elemente përbërëse të njësive kuptimore shumëpjesëshe ose shënojnë kalime nga një gjendje në një gjendje tjetër:

ndeshja Dinamo—Partizani; ndeshja e futbollit Shqipëri—Turqi; takimi Spaski—Fisher; uniteti parti—popull;

trekëndëshi mësim—punë prodhuese—edukim fizik dhe ushtarak;
marrëdhëniet mall—para—mall;

ç) emrat e bashkautorëve të një vepre:

K. Marks—F.Engels; A. Xhuvani—K. Cipo etj.

VI. PËRDORIMI I SHKRONJAVE TË MËDHA

§ 70

Shkronja e madhe përdoret për të dalluar emrat e përveçëm dhe emërtimet e barasvlershme me ta nga emrat e përgjithshëm.

§ 71

Shkruhen me shkronjën e parë të madhe emrat dhe mbiemrat e personave, epitetet ose ofiqet (nofkat) që janë pjesë përbërëse e tyre, si edhe pseudonimet:

Ali Kelmendi, Avni Rustemi, Dedë Gjo Luli, Gjergj Elez Alia, Gjergj Kastrioti, Gjeto Basho Muji, Gjin Bua Shpata, Gjon Buzuku, Ismail Qemali, Naim Frashëri, Pjetër Budi, Rrapo Hekali etj.;

Aleksandër Dyma **Biri,** *Gavril Dara i* **Riu,** *Gjergj Balsha i* **Parë,** *Gjergj* **Qimekeqi,** *Ivani i* **Tmerrshëm,** *Rikard* **Zemërluani,** *Leka i* **Madh,** *Lleshi i Zi, Mark* **Shalëgjati,** *Nikolla* **Këmbëleshi** etj.;

Asdreni, Buburicka, Çajupi, Dokë Sula, Jakin Shkodra, Migjeni, Platonicus, Rushit Bilbil Gramshi etj.

Shënim 1. Nyjat dhe pjesëzat e mbiemrave të huaj

shkruhen me shkronjë të vogël, kur jepet i plotë emri dhe mbiemri i personit, por shkruhen me shkronjë të madhe, kur përdoret vetëm mbiemri dhe kur nyja ose pjesëza është element i domosdoshëm i tij:

Kalderon de la Barka, por *De la Barka*, *Leonardo da Vinçi*, por *Da Vinçi*; *Lope de Vega*, por *De Vega*; *Mahmud al Kazhgari*, por *Al Kazhgari*; *Sharl dë Koster*, por *Dë Koster*; *Vincent van Gog*, por *Van Gog* etj.

Me shkronjë të madhe shkruhen edhe pjesët *O, Mak, San, Sen* të mbiemrave të huaj të personave:

O Brien, O Konor, O Kejsi; Mak-Dovell, San-Martin, Sen--Simon etj.

Shënim 2. Të gjitha pjesët e emrave dhe të mbiemrave kinezë, koreanë, vietnamezë e birmanë fillojnë me shkronjë të madhe:

Fan Dinj Fung, Kan Gam Çan, Li Sju Çen, Lu Sin, Ngujen Van Troi, Sun Jat Sen etj.

§ 72

Shkruhen me shkronjën e parë të madhe emrat e mbiemrat e përveçëm, të cilët, megjithëse përdoren për të shënuar një kategori të caktuar njerëzish, nuk janë kthyer në emra të përgjithshëm:

janë të rrallë në histori **Gjergj Kastriotët**; *kemi edhe ne* **Homerët** *tanë*; *një* **Promete** *i ditëve tona* etj.

Shënim. Kur emrat e përveçëm të njerëzve janë kthyer në emra të përgjithshëm që shënojnë tipin përkatës, shkruhen me shkronjë të vogël:

ciceron, donkishot, gobsek, harpagon, kuisling, mecen, mentor etj.

Me shkronjë të vogël shkruhen edhe emërtimet e njësive të matjes, të mjeteve teknike, të sendeve etj., të cilat burojnë nga emra të përveçëm:

amper-i, om-i, vat-i, volt-i, zhul-i; dizel, ford, mauzer, rëntgen etj.

§ 73

Emërtimet e funksioneve shtetërore, politike e ushtarake, të gradave, të titujve fetarë etj. shkruhen me shkronjë të vogël:

ministri i *Ndërtimit N.N.*, **deputeti** i *Kuvendit Popullor N.N.*, **kryetari** i *Komitetit Ekzekutiv N.N.*, **presidenti** i *Republikës*, **perandori** *Kostandin*, **mbretëresha** *Teuta*, **sulltan** *Murati II;*

sekretari i *Komitetit të Partisë*, **anëtari** i *Byrosë Politike*, **anëtari** i *Sekretariatit të KQ*, **sekretari** i *KQ*, **komisari** i *korpusit*, **komisari** i *batalionit*, **ambasadori** *N.N.;*

komandanti i *regjimentit*, **komandanti** i *korpusit*, **komandanti** i *brigadës*, **shefi** i *shtabit*, **admirali** *N.N.*, **mareshali** *Vatutin*, **gjenerali** *Dombrovski*, **major** *Petrit Bardhi*, **toger** *Skënder Petrela;*

dukë *Gjin Tanushi*, **princi** *Karl Topia*, **kont** *Niketë Topia*, **vojvodë** *Janosh Huniadi*, *Ali* **pashë** *Gucia*, *Mehmet* **pashë** *Bushati*, *Ali* **bej** *Evrenozi;*

anëtari i *Akademisë së Shkencave N.N.*, **profesor** *N.N.*, **docent** *N.N.*, **doktor profesor** *Aleksandër Xhuvani*, **bashkëpunëtor i vjetër shkencor** *N. N.* *;

---

*) Kur këto emërtime përdoren më vete (jo në fjali), siç ndodh zakonisht në rastet kur u drejtohemi personave përkatës, në nënshkrimet, si edhe në renditjen e emërtimeve në fjalë në dokumentet zyrtare, ato shkruhen me shkronjë të madhe si në formën e plotë, ashtu edhe në formën e shkurtuar.

papa *Kalisti III*, peshkopi *Pal Engjëlli*, at *Shtjefën Gjeçovi*, imzot *Luigj Bumçi*, sheh *Mustafa Tetova* etj.

Kur emërtimet e mësipërme janë bërë pjesë e pandarë e një emri të përveçëm, ato shkruhen me shkronjë të madhe:

Baba *Faja*, **Hoxha** *Tahsini*, **Kont** *Urani*, **Madam** *dë Stal*, **Papa** *Kristo Negovani*, **Princ** *Vidi* etj.

§ 74

Emërtimet e funksioneve zyrtare e shoqërore më të larta, titujt më të lartë të nderit në RPSH dhe emërtimet e urdhrave e të medaljeve shtetërore shkruhen me shkronjë të madhe (të gjitha fjalët që hyjnë në përbërjen e tyre, me përjashtim të nyjave); po kështu veprohet edhe në rastet e ngjashme në kumtimet e në dokumentet zyrtare:

Sekretari i Parë i Komitetit Qendror të Partisë së Punës të Shqipërisë; Kryetari i Presidiumit të Kuvendit Popullor; Kryetari i Këshillit të Ministrave të Republikës Popullore të Shqipërisë; Kryetari i Këshillit të Përgjithshëm të Frontit Demokratik të Shqipërisë; Presidenti i Këshillit të Përgjithshëm të Bashkimeve Profesionale të Shqipërisë; Sekretari i Parë i Bashkimit të Rinisë së Punës të Shqipërisë; Presidentja e Bashkimit të Grave të Shqipërisë; Hero i Popullit; Hero i Punës Socialiste; Mësues i Popullit; Artist i Popullit; Urdhri i Flamurit; Urdhri i Punës i Klasit të Parë; Urdhri i Lirisë; Urdhri «Naim Frashëri»; Medalja e Trimërisë; Medalja e Punës etj.

Emërtimet e titujve të tjerë të nderit shkruhen me shkronjë të madhe vetëm në fjalën e parë:

Artist i merituar, Mësues i merituar, Mjeshtër i sportit etj.*

§ 75

Shkruhen me shkronjë të madhe emrat e përveçëm të botës mitologjike e fetare, si edhe ata të figurave e të tregimeve popullore:

Adami, Apoloni, Buda, Diana, Eva, Hermesi, Jupiteri, Krishti, Minerva, Mitra, Muhameti, Neptuni, Pani, Polifemi, Shiva, Zeusi etj.; *Borëbardha, e Bukura e Dheut, Hirushja, Katallani, Maro Përhitura, Syqenëza* etj. (por shkruhen me shkronjë të vogël emrat e përgjithshëm të sferave të mësipërme si *allah, engjëll, perëndi, perri, shenjt, xhind, zanë* etj.).

§ 76

Shkruhen me shkronjë të madhe emrat e përveçëm të kafshëve:

Balashi, Baloja, Bukefali, Kazili, Kuqali, Laroja, Rosinanti etj.

---

*) Emërtimet e titujve të nderit vihen në thonjëza, kur përdoren menjëherë pas fjalës «titull», si ndajshtim i paveçuar me presje: *iu dha titulli «Hero i Popullit», — «Hero Punës Socialiste», — «Artist i Popullit»* etj., por: *Heroi i Popullit Qemal Stafa, Mësuesi i Popullit Aleksandër Xhuvani, Mjeshtri i sportit N.N.* etj.

§ 77

Shkruhen me shkronjë të madhe emërtimet e planetëve, të yjeve, të yjësive e të trupave të tjerë qiellorë:

Arusha e Madhe, Arusha e Vogël, Galaktika, Jupiteri, Kashta e Kumtrit, Dielli, Hëna, Marsi, Neptuni, Saturni, Shenjëzat, Toka, Urani, Ylli Polar etj.

Shënim. Emrat *dielli, dheu, hëna, toka* etj. shkruhen me shkronjë të vogël, kur nuk përdoren si terma të astronomisë, p.sh. *perëndimi i* **diellit;** *temperatura në det e në* **tokë** *është e ndryshme; një natë pa* **hënë** etj.

§ 78

Emërtimet gjeografike e territoriale-administrative, si edhe emrat e tjerë të vendeve shkruhen me shkronjë të madhe:

Adriatiku, Alpet, Ballkani, Buna, Dajti, Devolli, Drini, Joni, Karpatet, Labëria, Luma, Mirdita, Myzeqeja, Sazani, Skrapari, Shari, Shqipëria, Tomori, Vjosa, Vlora etj.

Pjesët përbërëse të një emërtimi gjeografik a të një emri vendi prej dy a më shumë fjalësh shkruhen me shkronjë të madhe (me përjashtim të nyjave, lidhëzave e parafjalëve):

Amerika Latine, Azia e Vogël, Bishti i Pallës, Bjeshkët e Nemuna, Bregu i Detit, Bregu i Fildishtë, Bregu i Matës, Briri i Artë, Deti i Bardhë, Deti i Kuq, Deti i Vdekur, Deti i Zi, Drini i Bardhë, Fusha Mbret, Gadishulli Ballkanik, Gadishulli Iberik, Gropa e Shkodrës, Guineja e Re, Guri i Bardhë, Guri i Hasit, Gu-

§78 117

ri i *Pishkashit*, *Gjiri Arabik*, *Gjiri Persik*, *Ishulli i Lezhës*, *Kepi i Gjelbër*, *Kepi i Shpresës së Mirë*, *Kodra e Kuqe*, *Komsomolsk-mbi-Amur*, *Kunora e Dardhës*, *Kunora e Lurës*, *Lëndina e Lotëve*, *Lugjet e Verdha*, *Lumi i Vlorës*, *Maja e Hekurave*, *Malësia e Madhe*, *Malësia e Mbishkodrës*, *Mali i Bardhë*, *Mali i Gjerë*, *Mali i Zi*, *Mali me Gropa*, *Oqeani i Ngrirë i Veriut*, *Përroi i Thatë*, *Poli i Jugut*, *Poli i Veriut*, *Qafa e Gjarprit*, *Qafa e Thanës*, *Qafa e Zezë*, *Reç-e-Dardha*, *Rrafshi i Dukagjinit*, *Rruga e Barrikadave*, *Sheshi i Demostrataue*, *Sheshi i Flamurit*, *Shkalla e Tujanit*, *Shkëmbi i Kavajës*, *Shtegu i Dhenve*, *Tenda e Qypit*, *Toka e Zjarrtë*, *Ura e Shtrejtë*, *Vau i Dejës*, *Vendet e Ulëta*, *Zelanda e Re* etj.

Shënim 1. Emrat e përgjithshëm gjeografikë si *breg, buzë, çukë, det, fushë, gadishull, grykë, gji, hundë, istëm, ishull, kanal, kep, kodër, krua, liqen, lumë, majë, mal, ngushticë, përrua, qafë, qytet, sukë, she, shkretëtirë, shpellë, tropik, vargmal* etj., kur nuk janë pjesë përbërëse e një emërtimi të përveçëm, por përdoren si përcaktues të një emri gjeografik ose përcaktohen prej tij, shkruhen me shkronjë të vogël:

çuka e *Ajtojt*, **deti** *Adriatik*, **deti** i *Kinës Jugore*, **fusha** e *Korçës*, **fusha** e *Myzeqesë*, **gadishulli** i *Ballkanit*, **gryka** e *Këlcyrës*, **gjiri** i *Vlorës*, **hunda** e *Karaburunit*, **istmi** i *Korintit*, **ishulli** i *Sazanit*, **kanali** i *Korfuzit*, **kanali** i *Myzeqesë*, **kanali** i *Suezit*, **kepi** i *Rodonit*, **kroi** i *Zejmenit*, **liqeni** *Balaton*, **liqeni** i *Prespës*, **liqeni** i *Shkodrës*, **lumi** i *Matit*, **lumi** i *Tiranës*, **maja** e *Korabit*, **maja** e *Radohinës*, **mali** i *Dajtit*, **ngushtica** e *Bosforit*, **ngushtica** e *Gjibraltarit*, **përroi** i *Munellës*, **qafa** e *Llogorasë*, **qyteti** i *Fierit*, **shpella** e *Dragobisë*, **tropiku** i *Gaforres*, **vargmali** i *Andeve* etj.

Shënim 2. Mbiemrat që janë pjesë përbërëse të emrave gjeografikë, sikurse shihet edhe nga shembujt e mësipërm, shkruhen kurdoherë me shkronjë të madhe:

Curraj i **Epër**, *Drini* i **Bardhë**, *Drini* i **Zi**, *Kanali* i **Madh**, *Kurveleshi* i **Poshtëm**, *Labova* e **Sipërme**, *Malësia* e **Madhe**, *Mali* i **Zi**, *Myzeqeja* e **Vogël**, *Prespa* e **Madhe**, *Prespa* e **Vogël** etj.

S h ë n i m 3. Të gjitha pjesët përbërëse të emërtimeve zyrtare të shteteve fillojnë me shkronjë të madhe (me përjashtim të nyjave):

Despotati i Epirit, Mbretëria e Nepalit, Perandoria Osmane, Perandoria Romake e Lindjes, Perandoria Romake e Perëndimit, Principata e Arbërisë, Principata e Lihtenshtajnit, Republika Arabe e Egjiptit, Republika Demokratike Gjermane, Republika Demokratike e Vietnamit, Republika Franceze, Republika e Korçës, Republika Popullore e Kinës, Republika Popullore e Shqipërisë, Republika e San-Marinos, Republika Socialiste e Rumanisë, Republika e Venedikut, Shtetet e Bashkuara të Amerikës etj.

S h ë n i m 4. Emrat e anëve të horizontit dhe mbiemrat e formuar prej tyre shkruhen me shkronjë të madhe (me përjashtim të nyjës), kur përdoren si emërtime njësish territoriale (gjeografike ose historike) ose si pjesë të këtyre emërtimeve:

vallet tona të **Jugut**, *popujt e* **Lindjes**, **Lindja** *e Largme,* **Lindja** *e Mesme, shtetet e* **Perëndimit**, *kryengritjet e malësorëve të* **Veriut**, *popujt e* **Veriut**, etj.;

Amerika e **Jugut**, *Italia e* **Jugut**, *Poli i* **Jugut**, *Vietnami i* **Jugut**, *Evropa e* **Veriut**, *Irlanda e* **Veriut**, *Koreja e* **Veriut**, *Poli i* **Veriut**, *Shqipëria e* **Veriut**, *Vietnami i* **Veriut** etj.;

Amerika **Jugore**, *Evropa* **Jugore**, *Shqipëria* **Jugore**, *Evropa* **Juglindore**, *Azia* **Juglindore**, *Evropa* **Lindore**, *Gjermania* **Lindore**, *Mesdheu* **Lindor**, *Evropa* **Perëndimore**, *Gjermania* **Perëndimore**, *Afrika* **Veriore**, *Amerika* **Veriore**, *Shqipëria* **Veriore**, *Shqipëria* **Veriperëndimore** etj.;

Kur emrat dhe mbiemrat e mësipërm përdoren për të shënuar një drejtim ose një pikë të horizontit, shkruhen me shkronjë të vogël: *u nisën drejt* **veriut**; *era fryn nga* **lindja**; *në drejtim* **veriperëndimor** etj.

Shënim 5. Emërtimet gjeografike shkruhen me shkronjë të madhe, edhe kur përdoren me kuptim të figurshëm:

Borovë (masakër fashiste), *Munih* (marrëveshje me fashizmin), *Dien Bien Fu, Stalingrad, Vaterlo* (disfatë e rëndë ushtarake).

§ 79

Emërtimet e periudhave, të ngjarjeve, të akteve e të dokumenteve historike me rëndësi kombëtare ose ndërkombëtare, të monumenteve historike e të monumenteve të kulturës shkruhen me shkronjë të madhe (me përjashtim të nyjave dhe të fjalëve shërbyese):

Çlirimi (zhvillimi ekonomik pas **Çlirimit**), *Reforma, Rilindja, Rilindja Kombëtare Shqiptare, Tanzimati* etj.;
Antanta, Antanta e Vogël, (fuqitë) e Boshtit, Internacionalja Komuniste, Internacionalja e Parë, Komuna e Parisit, Konferenca e Ambasadorëve, Konferenca e Labinotit, Konferenca e Paqes, Konferenca e Pezës, Kongresi VI i PPSH, Kongresi i Drejtshkrimit të Gjuhës Shqipe, Kongresi i Lushnjës, Kongresi i Manastirit, Kongresi i Përmetit, Kuvendi i Lezhës, Lëvizja Nacionalçlirimtare, Lidhja e Prizrenit, Lufta e Dytë Botërore, Lufta Nacionalçlirimtare, Lufta Njëqindvjeçare, Lufta e Vlorës, Mbledhja e Beratit, Nata e Shën Bartolemeut, Njëqind Ditët, Operacioni i Dimrit, Qeveria e Përkohshme e Durrësit, Reforma Agrare, Republika e Tretë, Revolucioni Socialist i Tetorit, Shoqëria e të Shtypurit Shkronja Shqip, Traktati i Londrës, Traktati i Shën Stefanit, Traktati i Versajës etj.;
Dekreti i Paqes, Dekreti i Tokës, Karta e Kombeve të Bashkuara, Karta e Madhe e Lirive, Kushtetuta e

RPSH, Letra e Hapur e KQ të PPSH, Memorandumi i Gërçes, Tezat e Prillit etj.;

Shtëpia e Partisë, Kalaja e Gjirokastrës, Varrezat e Dëshmorëve të Atdheut (Tiranë), *Mauzoleumi i Dëshmorëve* (Durrës), *Manastiri i Ardenicës* etj.;

Monumenti i Shpalljes së Pavarësisë (Vlorë), *Monumenti i Luftëtarit Kombëtar* (Korçë), *Monumenti i Skënderbeut* (Tiranë, Krujë), *Ura e Mesit, Xhamia e Ethem beut* (Tiranë) etj.

Shënim. Emërtimet e epokave gjeologjike, historike e të formacioneve historiko-shoqërore që nuk janë emra të përveçëm, shkruhen me shkronjë të vogël:

diluvi, jura, kuaternari etj.; *koha e re, mesjeta, neoliti, paleoliti* etj.; *feudalizmi, komuna primitive, kapitalizmi, komunizmi* etj.

§ 80

Emërtimet zyrtare (të sotme ose historike) të institucioneve të shtetit e të partisë të vendit tonë, si edhe emërtimet e organizatave shoqërore e të njësive ushtarake kryesore shkruhen me shkronjë të madhe (me përjashtim të nyjave dhe të fjalëve shërbyese); po kështu veprohet edhe në rastet e ngjashme në kumtimet e në dokumentet zyrtare:

Komiteti Qendror i Partisë së Punës të Shqipërisë, Byroja Politike e Komitetit Qendror të Partisë së Punës të Shqipërisë, Sekretariati i Komitetit Qendror të Partisë së Punës të Shqipërisë, Kuvendi Popullor, Presidiumi i Kuvendit Popullor, Këshilli i Ministrave i Republikës Popullore të Shqipërisë, Fronti Demokratik i Shqipërisë, Këshilli i Përgjithshëm i Frontit Demokratik, Bashkimet Profesionale të

§80

Shqipërisë, Këshilli i Përgjithshëm i Bashkimeve Profesionale të Shqipërisë, Bashkimi i Rinisë së Punës të Shqipërisë, Komiteti Qendror i Bashkimit të Rinisë së Punës të Shqipërisë, Bashkimi i Grave të Shqipërisë, Këshilli i Përgjithshëm i Bashkimit të Grave të Shqipërisë, Partia Komuniste e Shqipërisë, Rinia Komuniste Shqiptare, Ushtria Popullore, Ushtria Nacionalçlirimtare, Shtabi i Përgjithshëm i Ushtrisë Nacionalçlirimtare, Këshilli Antifashist Nacionalçlirimtar, Kryqi i Kuq Shqiptar, Bashkimi i Përgjithshëm i Kooperativave të Konsumit, Komiteti Kombëtar i Veteranëve të Luftës të Popullit Shqiptar, Ministria e Arsimit dhe e Kulturës, Ministria e Punëve të Jashtme, Ministria e Tregtisë, Akademia e Shkencave e Republikës Popullore të Shqipërisë, Universiteti Shtetëror i Tiranës, Biblioteka Kombëtare, Banka e Shtetit Shqiptar, Komiteti i Kulturës dhe i Arteve, Instituti i Gjuhësisë dhe i Letërsisë, Instituti i Monumenteve të Kulturës, Instituti i Lartë Shtetëror i Bujqësisë, Instituti i Shkencave, Fakulteti i Historisë dhe i Filologjisë, Fakulteti Ekonomik, Drejtoria e Përgjithshme e Ekonomisë Komunale, Teatri Popullor, Teatri i Operës dhe i Baletit, Shtëpia Botuese e Librit Shkollor, Komiteti i Partisë i Rrethit të Beratit, Këshilli Popullor i Rrethit të Shkodrës, Korparmata I, Divizioni II, Brigada I Sulmuese etj.*

Shënim. Emërtimet e kategorive të mësipërme, kur përdoren si emra të përgjithshëm, shkruhen me shkronjë të

---

*) Në rastet kur një pjesë e emërtimit zyrtar të një institucioni, organizate etj. përdoret për të përfaqësuar gjithë emërtimin, kjo pjesë shkruhet me shkronjë të madhe: *ministri i Mbrojtjes, ministri i Punëve të Jashtme, drejtori i Ekonomisë Komunale* etj.

vogël: *u bënë zgjedhjet e* këshillave popullore *të rretheve; do të shkoj në* komitetin ekzekutiv; *ky* universitet *nuk ka fakultet mjekësie* etj.

§ 81

Kur në një kontekst të caktuar një emërtim i tipave të përmendur në §§ 79, 80 rishfaqet me anë të fjalës së parë, kjo shkruhet me shkronjë të madhe, si përfaqësuese e një emri të përveçëm:

forcat e **Lidhjes** (= e Lidhjes së Prizrenit); *mësimet e* **Komunës** (= e Komunës së Parisit); *vendimet e* **Kongresit** (p.sh. e Kongresit të Lushnjës, të Përmetit); *rëndësia historike e këtyre* **Tezave** (= e Tezave të Prillit); *Kongresi VI i* **Partisë** (= i Partisë së Punës të Shqipërisë); *tridhjetëvjetori i themelimit të* **Frontit** (= të Frontit Demokratik të Shqipërisë); *institutet e* **Akademisë** (= e Akademisë së Shkencave të RPSH); *dokumentet e* **Shtabit** (= e Shtabit të Përgjithshëm të Ushtrisë Nacionalçlirimtare) etj.

§ 82

Shkruhen me shkronjë të madhe pjesët përbërëse të emërtimeve të festave kombëtare e ndërkombëtare:

28 Nëntori, 29 Nëntori, 11 Janari, 8 Marsi ose Tetë Marsi, 1 Maji ose Një Maji, 24 Maji, 1 Qershori, 10 Korriku, 7 Nëntori, 8 Nëntori ose Tetë Nëntori, Dita e Aviacionit, Dita e Mësuesit, Dita Ndërkombëtare e Gruas, Viti i Ri etj.

Shënim. Emrat e festave fetare shkruhen me shkronjë të vogël:

bajrami, kërshëndellat, mevludi, nata e mirë, pashkët, e premtja e zezë, ramazani, rrëshajet, ujët e bekuar etj.

§ 83

Te titujt e gazetave, të revistave e të librave, të cilët vihen kurdoherë ndërmjet thonjëzash, shkruhet me shkronjë të madhe vetëm fjala e parë dhe emrat e përveçëm që hyjnë në përbërjen e titullit:

«Zëri i popullit», «Bashkimi», «Zëri i rinisë», «Sporti popullor», «Jeta e re», «Studime filologjike», «Studime historike», «Gjurmime albanologjike», «Revista pedagogjike», «Në shërbim të popullit», «Ylli i mëngjezit», «Bujku i ri», «Shqiptarja e re», «Kushtrimi i lirisë», «Bota e re», «Ata nuk ishin vetëm...», «Bagëti e bujqësia», «Drurët dhe shkurret e Shqipërisë», «Gramatika e gjuhës shqipe», «Historia e Skënderbeut», «Historia e letërsisë shqipe», «Komedia hyjnore», «Kujtime nga jeta e Brigadës I Sulmuese», «Lulet e verës», «Norma letrare kombëtare dhe kultura e gjuhës», «Para agimit», «Për revolucionarizimin e mëtejshëm të shkollës sonë», «Drejtshkrimi i gjuhës shqipe», «Shpresë për popullin, tmerr për armikun», «Toka jonë», «Zëri i arbëreshëve» etj.

Po kështu shkruhen titujt e botimeve në gjuhët e huaja, kur jepen me alfabetin e shqipes:

«I foni tis Alvanias», «Noje rajnishe cajtung», «L'albaneze d'Italia», «L'ymanite ruzhë», «Rote fane» etj.

§ 84

Shkurtimet e emrave të shteteve, të partive, të organizatave, të shoqërive, të institucioneve, të ndërmarrjeve etj., shkruhen me shkronja të mëdha, pa vënë pikë as ndërmjet, as pas tyre:

RPSH, RSR, RDGJ, BRSS, SHBA etj.; *PPSH, PKSH, PKK* etj.; *BPSH, BRPSH, BGSH, KONARE, OKB, NATO, SEATO, UNESKO, GAT* etj.; *AIESEE, FIDE, FIFA, OPEK, SVEA, UEFA* etj.; *ATSH, NB, NN, SMT, UEM, USHT, TEC, AXHERPRES, AFP, MENA, VNA* etj.

§ 85

Shkruhen me shkronjë të madhe emrat e përgjithshëm, kur përdoren për të shënuar qenie të personifikuara (në fabulat, përrallat e në krijime të tjera letrare):

Plaku *i Vitit të Ri*; *O* **Prill**, *o im vëlla!*; *«Vajza dhe Vdekja»*; **Përralla** *gjet një ditë të* **Vërtetën** (N. Frashëri); *Të lumtë, o* **Arbër,** *se na zbardhe faqen!* (K. Kristoforidhi) etj.

§ 86

Mund të shkruhet me shkronjë të madhe një emër i përgjithshëm për qëllime të veçanta stilistike, për të theksuar me forcë a me ngjyrim të veçantë një nocion, një njeri a një ide të caktuar (*Atdheu, Mëmëdheu, Partia, Liria, Komisari, Komandanti, Njeriu, Nëntori* etj.):

«*Të bukurën e gjeta te ti, o* **Atdhe**!»; «*Të nderojmë* **Mëmëdhenë**!»; «*Ku t'i kërkoj rrënjët e tua,* **Parti**?»; «*Mirëmëngjes,* **Republikë**!»; **Nëntori** *ynë i lavdishëm*; «*Flamur i madh për* **Vegjëli**»; «*Yll i pavdekur për* **Liri**» etj.

§ 87

Përemri vetor *ju* dhe përemrat pronorë *juaj, (i, e) tij, (i, e) saj*, në shenjë nderimi për personin të cilit i drejtohemi, ose për të cilin flasim, mund të shkruhen me shkronjë të madhe.

Me shkronjë të madhe mund të shkruhen edhe emërtimet e bartësve të funksioneve shtetërore e shoqërore, kur u drejtohemi atyre:

Shoku **Ministër**!; *Shpresoj, shoku* **Kryetar**, *se do të marr një përgjigje të shpejtë* etj.

§ 88

Shkruhen me shkronjë të madhe emërtimet shkencore të tipave, klasave, rendeve, familjeve e gjinive të botës bimore e shtazore në trajtën latine të tyre; te emërtimet e llojeve e të nënndarjeve të tyre shkruhet me shkronjë të madhe vetëm fjala e parë:

Chordata, Protozoa, Mammalia, Pisces, Rodentia, Carnivora, Felidae, Ursidae, Turdus, Mugil, Canis lupus, Locusta viridis etj.;

Angiospermae, Gymnospermae, Dicotyledones, Monocotyledones, Archichlamideae, Leguminosae, Polygonales, Pinaceae, Papilonaceae, Larix, Abies, Castanea sativa, Salvia officinalis etj.

§ 89
Shkruhen me shkronjën e parë të madhe simbolet e elementeve kimike:

Cl, Fe, H, Mg, Mn, N, Na, O, S etj.

§ 90
Emrat e përgjithshëm si *rrugë, bulevard, stadium, shesh, lagje, hotel, kinema, teatër, ndërmarrje, kooperativë, uzinë, kombinat, hidrocentral, vapor, shkollë, klub, gazetë, revistë, roman, poemë, dramë, opera, balet, këngë, çetë, batalion, brigadë* etj., që përcaktohen nga një emër a emërtim i përveçëm në rasën emërore, i vënë ndërmjet thonjëzash*, shkruhen me shkronjë të vogël:

rruga «*Asim Vokshi*», **rruga** «*Kongresi i Përmetit*», **bulevardi** «*Dëshmorët e Kombit*», **bulevardi** «*Republika*», **stadiumi** «*Dinamo*», **sheshi** «*Avni Rustemi*», **sheshi** «*Heronjtë e Vigut*», **sheshi** «*Skënderbej*», **lagjja** «*Çlirimi*», **lagjja** «*24 Maji*»;
hotel «*Adriatiku*», **hotel** «*Dajti*», **kinema** «*17 Nëntori*», **kinema** «*Morava*», **teatri** «*Aleksandër Moisiu*», **teatri** «*Migjeni*», **ndërmarrja** *bujqësore* «*8 Nëntori*», **ndërmarrja** *e ndërtimit* «*Perlat Rexhepi*», **kooperativa** *bujqësore* «*Ylli i kuq*», **uzina** «*Drini*», **uzina** «*Partizani*», **kombinati** *ushqimor* «*Ali Kelmendi*», **hidrocentrali** «*Karl Marks*», **hidrocentrali** «*Lenin*», **vapori** «*Vlora*», **shkolla** «*Bajram Curri*», **shkolla** «*Katër Dëshmorët*»,

---

*) Emrat e rrugëve e të sheshe ve në tabelat përkatëse nuk vihen në thonjëza.

shkolla «*Liria*», shkolla *pedagogjike* «*17 Nëntori*», klubi «*Flamurtari*», klubi «*Tomori*»;

gazeta «*Zëri i Popullit*», revista «*Nëntori*», romani «*Lumi i vdekur*», poema «*Prishtina*», drama «*Familja e peshkatarit*», drama «*Toka jonë*», opera «*Skënderbeu*», baleti «*Halili dhe Hajria*», kënga «*Marshim partizan*»; çeta «*Selam Musaj*», batalioni «*Fuat Babani*», batalioni «*Hakmarrje*», brigada «*Shkurte Pal Vata*» etj.

Kur emërtimet e mësipërme përdoren më vete (jo në fjali) në tabelat, dokumentet e shpalljet zyrtare, shkruhet me shkronjë të madhe edhe fjala e parë.

Me shkronjë të madhe shkruhen gjithashtu emrat *shesh, rrugë, lagje* etj., kur ata janë pjesë e emërtimit të përveçëm përkatës: *Rruga e Barrikadave, Sheshi i Flamurit, Lagjja e Re, Klubi i Manastirit* etj.

§ 91

Emrat e popujve dhe të banorëve të një vendi, të një krahine, të një qyteti etj. shkruhen me shkronjë të vogël:

afrikanët, algjerianët, amerikanët, bullgarët, evropianët, francezët, hungarezët, kinezët, pellazgët, polakët, rumunët, shqiptarët, vietnamezët, zviceranët etj.; *arbëreshët, beratasit, dibranët, elbasanasit, gjirokastritët, kosovarët, kolonjarët, matjanët, myzeqarët, shkodranët, shpatarakët, tiranasit, ulqinakët, vlonjatët* etj.

§ 92

Emrat e ditëve të javës, të muajve e të stinëve shkruhen me shkronjë të vogël:

e hënë, e martë, e mërkurë etj.; *janar, shkurt, mars, prill* etj.; *pranverë, verë, vjeshtë, dimër.*

§ 93

Në veprat poetike fjala e parë e çdo vargu mund të fillojë me shkronjë të madhe ose të vogël; por në rastet kur vargjet, në citimet, shkruhen vijueshëm njëri pas tjetrit, jo secili në rresht më vete, ato nisin gjithmonë me shkronjë të madhe.

§ 94

Fillon me shkronjë të madhe fjala e parë e çdo teksti të shkruar, si edhe fjala e parë e një fjalie ose periudhe që vjen pas pikës, shumëpikëshit, pikëpyetjes, pikëçuditjes dhe dy pikave, kur këto shënojnë mbarimin e një fjalie të veçantë a të një periudhe të mëparshme.

Shënim. Kur pikëpyetja, pikëçuditja ose shumëpikëshi vihet pas ligjëratës së drejtë dhe në fjalët e autorit, që vijojnë, tregohet se kujt i takon ligjërata e drejtë, pas shenjave të mësipërme, fjala e parë shkruhet me shkronjë të vogël, p.sh.:

— *Po ju, si shkuat?* — *pyeti komisari partizanët;*
— *Ku jeni, or shokë, se po ju kërkojmë!* — *tha pastaj njëri prej tyre;*
— *M'u duk djalë i mirë... — i thashë unë.*

Po kështu shkruhet me shkronjë të vogël fjala e parë pas shumëpikëshit që shënon ndërprerje gjatë ligjëratës dhe jo mbarimin e fjalisë a të periudhës së mësipërme, p.sh.:

Ky tavan është i ulët... tavani i shtëpisë sonë është më i lartë dhe i lyer me bojë të gjelbër.

§ 95

Shkruhet me shkronjë të madhe fjala e parë pas dy pikave në këto raste:

a) kur fillon një ligjëratë e drejtë a një citat, që vihet ndërmjet thonjëzash:

A të kujtohen fjalët e Petritit: «Ne do t'i kryejmë porositë e tua, do të luftojmë kundër fashizmit për lirinë e Shqipërisë»?;
Populli ynë thotë: «Trimi i mirë me shokë shumë»;
Skënderbeu ka thënë: «Lirinë nuk e solla unë, po e gjeta këtu».

b) kur pas dy pikave radhiten, zakonisht në tekste zyrtare (statute, ligje, rregullore, urdhëresa, vendime etj.), paragrafë të veçantë që nisin me kryerresht dhe mbarojnë me pikë.

Shënim. Në të gjitha rastet e tjera teksti që vjen pas dy pikave, fillon me shkronjë të vogël:

Ne u lidhëm me lëvizjen: merrnim pjesë në mbledhje të fshehta, shpërndanim trakte, organizonim demostrata.

VII. NDARJA E FJALËVE NË FUND TË RRESHTIT

§ 96

Ndarja e fjalëve në fund të rreshtit mbështetet kryesisht në ndarjen e fjalëve në rrokje, duke marrë parasysh edhe strukturën morfologjike të fjalës.

§ 97

Fjalët njërrokëshe nuk ndahen në fund të rreshtit:

afsh, ankth, bulkth, çmend, dash, dru, kënd, kopsht, lak, lëng, i lig, ngjall, shkrep, shkrumb, tremb, thumb, vrull, zmbraps etj.

§ 98

Ndarja e fjalëve në fund të rreshtit bëhet sipas këtyre rregullave:

a) Bashkëtingëllorja që ndodhet ndërmjet dy zanoresh shkon me zanoren që vjen pas:

ba-rra, bre-dhi, de-ti, do-ra, gë-zim, li-sat, lu-le, mi-ku, ndri-çim, ple-pi, po-pu-lli, pu-në, shpre-sa, xi-xë-llo-nja etj.

b) Kur ndërmjet dy zanoresh ndodhen dy a më shumë bashkëtingëllore, ndarja në fund të rreshtit është e lirë, mjafton që të paktën bashkëtingëllorja e fundit e togut përkatës të kalojë në krye të rreshtit me zanoren pasuese; nga dy ose më shumë ndarje të mundshme të një fjale duhet parapëlqyer ajo që ruan më të qartë kufijtë e pjesëve të kuptimshme të fjalës:

ko-dra	ose	kod-ra		
hu-dhra	»	hudh-ra		
shu-fra	»	shuf-ra		
ko-fsha	»	kof-sha		
ve-gla	»	veg-la		
la-kra	»	lak-ra		
ko-krra	»	kok-rra		
ve-pra	»	vep-ra		
po-sta	»	pos-ta		
mu-shka	»	mush-ka		
vi-shnje	»	vish-nje		
ku-shti	»	kush-ti		
la-vdi	»	lav-di		
ek-skavator	»	eks-kavator		
ek-skursion	»	eks-kursion		
ek-speditë	»	eks-peditë		
ek-sport	»	eks-port		
fu-nksion	»	fun-ksion		
të-mblat	»	tëm-blat	ose	tëmb-lat
the-mbra	»	them-bra	»	themb-ra
lu-ndra	»	lun-dra	»	lund-ra
qe-ndra	»	qen-dra	»	qend-ra
që-ndroj	»	qën-droj	»	qënd-roj
hë-ngra	»	hën-gra	»	hëng-ra etj.

por: *korr-je, lodh-je, ndjek-je, ngec-je;* i *këtej-më,* e *nesër-mja,* i *par-më,* i *pas-më;* e *ardh-shmja,* i *brendshëm,* i *buj-shëm,* i *dhimb-shëm,* e *dhimb-shme,* e *mëtej-shme,* e *nder-shme,* e *nder-shmja,* të *ngadal-shmit,* e *paprek-shme,* e *pavdek-shme,* e *përbot-shme,* e *përbot-shmja,* e *përjav-shmja,* i *përkoh-shëm,* e *përkoh-shme,* e *përkoh-shmja,* e *vrull-shme;* i *flak-të,* i *pes-të,* i *shesh-të* etj.

Shënim. Bashkëtingëllorja **j** e ndjekur nga një bashkëtingëllore tjetër lidhet gjithmonë me zanoren që i prin: *kuj-tim, laj-thi, maj-tas, mbruj-ta, paj-toj, vaj-ta* etj.

c) Kur në një fjalë vijnë dy zanore njëra pas tjetrës ato mund të ndahen në fund të rreshtit:

vëlla-it, xhaxha-it; ka-ut, va-ut; mete-or; atdhe-ut, kre-ut, muze-ut; e *di-el, di-ell, mi-ell, qi-ell; ari-ut, bari-ut, njeri-ut, shi-ut, veri-ut; blu-aj, du-ajt, gru-as, kru-aj, ku-adër,* (por edhe *kua-dër*), *ku-arc, mu-aj, punu-ar, ru-aj, sku-adër* (por edhe *skua-dër*), *shkru-an; ku-otë* (por edhe *kuo-të*), *dy-er, fy-ell, kthy-er, ly-ej, ly-ejmë, thy-ej, thy-ejmë* etj.

Në shkrimin e trajtave si *mësuesi, sulmuesi, përkthyesit* etj. dhe në fjalët e prejardhura si *i arsyeshëm, i pathyeshëm* etj. të parapëlqehen ndarjet *mësue-si, sulmue-sin, përkthye-sit* etj.; *i arsye-shëm, i pathye-shëm* etj.

ç) Ndarja në fund të rreshtit e fjalëve të përbëra e të përngjitura, si edhe e fjalëve të formuara me parashtesa që përdoren edhe si fjalë më vete në gjuhën e sotme, bëhet në kufirin e pjesëve përbërëse të tyre; kur paraqitet nevoja për ndarjen e vetë pjesëve përbërëse, zbatohen rregullat e mësipërme:

hekur-udhë ose *he-kurudhë* ose *hekuru-dhë* (por jo *heku-rudhë*); *bashk-atdhetar* ose *bashkatdhe-tar* (por jo *ba-shkatdhetar*); *gjith-monë* ose *gjithmo-në*; *i shum-anshëm* ose *i shuman-shëm*; *mos-ardhje* ose *mosardh-je* (por jo *mo-sardhje*); *për-emër* ose *përemër* (por jo *pë-remër*); *i për-jetshëm* ose *i përjet-shëm* etj.

§ 99

Nuk ndahen në fund të rreshtit:

a) fjalët e përbëra të shkurtuara si:

RPSH, PPSH, BPSH, BRPSH, ATSH, BRSS, FIFA, ISIS, KEMP, KK, KONARE, NATO, NB, NIL, NISH, NTLAI, NTLAP, NTSHAI, NTSHAP, OKB, PK, PS, PTT, RDGJ, RSR, SEATO, SHBA, UP etj.;

b) prapashtesa e një numërori rreshtor të shënuar me shifra arabe dhe nyja e prapme e mbaresat në ato raste kur shkruhen me vizë lidhëse (shih § 68, pikat *gj, j, l*):

Kongresi i 6-të, Internacionalja e 2-të, shekulli i 20-të etj.; *SMT-ja, PTT-së, TEC-it* etj.; *dhe-ja, pse-ja, ah-et dhe oh-et* etj.;

c) shkurtimet e tipave:

a.i. (ad interim), *b.f.* (bie fjala), *d.v.* (dora vetë), *e.r.* (era e re), *f.v.* (fjala vjen), *p.sh.* (për shembull) etj.;

ç) emërtimet e veçanta të mjeteve teknike, si edhe

emërtimet e ngjashme konvencionale, në përbërjen e të cilave hyn edhe një numër i shënuar me shifra (shih § 68 pika *i*); shkurtimet e njësive të masave dhe shenjat e përqindjes e të përmijës nga shifra që u prin:

TU-104, Boing-707, Gaz-69, Mig-21; 35 cm, 50 dm, 40 km, 28 800 km², 90 ha, 3 m³, 200 g, 35 kg, 70 kv, 2 l; 100%, 112%, 30% etj.;

d) shenja e paragrafit dhe numri e shkronja që vijnë pas saj, si edhe shkurtime të tjera që shënojnë nënndarje të kapitujve, neneve etj.;

§ 12, § 12 a, § 67 Ba, Kreu IV, Kreu VI c etj.;

dh) numrat që përmbajnë një thyesë dhjetore:

15,5; 0,06; 10,53 etj.;

e) shkronjat e një dyshkronjëshi:

da-lloj (e jo *dal-loj*), *ha-rroj* (e jo *har-roj*), *pe-sha* (e jo *pes-ha*), *hu-dhër* (e jo *hud-hër*) etj.

§ 100

Në ndarjen e fjalëve në fund të rreshtit duhen pasur parasysh edhe këto rregulla plotësuese:

a) një shkronjë e vetme nuk mund të lihet në fund të rreshtit e as të çohet në rreshtin tjetër, edhe kur është zanore. Kështu shkruhet:

aca-rim (e jo *a-carim*), *acid* (e jo *a-cid*), *urë* (e jo *u-rë*), *ba-riu* (e jo *bari-u*), *li-ria* (e jo *liri-a*), *miu* (e jo

§100 b, c; §101

mi-u), shkoi (e jo *shko-i), Shqi-përia* ose *Shqipë-ria* (e jo *Shqipëri-a)* etj.;

b) dy shkronja të njëllojta që takohen në një fjalë, mund të ndahen në fund të rreshtit:

i pa-anshëm, i pa-arsyeshëm, ko-operativë, vaku--um, kundër-revolucionar, hesht-te, (në mos) prit-të etj.;

c) kur kalon në rreshtin tjetër pjesa e dytë e një fjale a e një emërtimi të përbërë, që shkruhet me vizë lidhëse, para saj, në krye të rreshtit, përsëritet viza lidhëse:

hyrje- / *-dalje, marksist-* / *-leninist, copa-* / *-copa, aty-* / *-këtu*[1] etj.

§ 101

Nuk mund të hapen kllapa a thonjëza në fund të rreshtit e as të mbyllen në fillim të rreshtit tjetër.

Nuk mund të kalojnë në rreshtin tjetër shenjat e pikësimit, me përjashtim të vizës së gjatë.

---

1) Viza e pjerrët / në shembujt e mësipërm shënon fundin e rreshtit.

VIII. SHKRIMI I DATAVE

§ 102
Kur në datat e plota muaji shkruhet me shifra (arabe ose romake), pas shënimit të datës dhe të muajit vihet një **pikë**:

20.VII.1973 ose 20.7.1973 (dhe jo 20/7/1973 ose 20-VII-1973) etj.

§ 103
Kur në datat e plota muaji shkruhet me shkronja, nuk vihet asnjë shenjë midis ditës, muajit dhe vitit:

23 janar 1943, 4 mars 1973 etj.

§ 104
Në shkrimin e datave, pas emrit të vendit vihet presje dhe para shifrës që shënon datën, në shkresat zyrtare, vihet parafjala **më**:

Tiranë, më 19.II.1948; Shkodër, më 5 tetor 1972 etj.

Parafjala **më** shkruhet kurdoherë para datave, kur ato përdoren si plotës kohe brenda një fjalie:

Kongresi u hap të hënën, më 20.XI.1972; Mbledhja bëhet të shtunën, më 1 shtator 1973 etj.

TREGUESI I ÇËSHTJEVE

I. DREJTSHKRIMI I ZANOREVE

ZANORJA E E THEKSUAR

Shkrimi i **e**-së te fjalët ku ajo ndiqet ose ka qenë ndjekur nga një bashkëtingëllore hundore. § 1

Shkrimi i **e**-së te fjalët e prejardhura ose të përbëra, të formuara prej fjalëve të tipit të mësipërm. § 1

ZANORJA E E PATHEKSUAR

Rënia e -e-së fundore të patheksuar tek emrat femërorë në trajtën e emërores së shquar dhe shkrimi i saj në trajtat e tjera rasore. § 2

ZANORJA Ë E THEKSUAR

Shkrimi i **ë**-së te fjalët ku kjo zanore e theksuar i përgjigjet historikisht një **a-je** hundore dhe te fjalët e prejardhura ose të përbëra, të formuara prej tyre. § 3

Shkrimi me **a** i disa fjalëve të kategorive

të mësipërme, që kanë hyrë me këtë trajtë
në gjuhën letrare. § 3

Shkrimi i ë-së te fjalët me prapashtesën -llëk. § 4

ZANORJA Ë E PATHEKSUAR

ë-ja paratheksore

Shkrimi i ë-së paratheksore te fjalët e parme
dhe te fjalët e formuara prej tyre. § 5 a

Shkrimi i ë-së paratheksore te fjalët ku ajo i
takon rrokjes së parë dhe te fjalët e formuara
prej tyre. § 5 a

Shkrimi pa ë i fjalëve *arsye, arsej, arsim, arsimtar* dhe i fjalëve që formohen prej tyre. § 5 a

Shkrimi i ë-së paratheksore te fjalët e prejardhura, të formuara nga një temë më -ë me
anë prapashtesash që nisin me bashkëtingëllore. § 5 b

Shkrimi i ë-së paratheksore te fjalët e përbëra
dhe të përngjitura që kanë si pjesë të parë një
temë më -ë, të ndjekur nga një temë që nis
me bashkëtingëllore. § 5 b

Shkrimi pa ë paratheksore i përemrave të
pakufishëm, i ndajfoljeve dhe i lidhëzave të
përngjitura që kanë si pjesë të parë fjalët
gjithë e *kurrë*. § 5 b

Shkrimi pa ë paratheksore i pjesës së parë të
fjalëve *vetvete, vetvetiu* dhe i fjalëve të formuara prej tyre. § 5 b

Shkrimi pa ë paratheksore i fjalëve të prejardhura si *amtar, besnik, zyrtar* etj., për shkak

të ngulitjes prej kohësh të shqiptimit dhe të
shkrimit të tyre në gjuhën letrare. § 5 b shën. 1

Shkrimi pa **ë** paratheksore i fjalëve të për-
bëra, kur gjymtyra e dytë fillon me zano-
re. § 5 b shën. 2

Shkrimi me **ë** paratheksore i fjalëve të prej-
ardhura nga tema më bashkëtingëllore, por me
strukturë fonetike-fjalëformuese të ngjashme
me ato të § 5 b. § 5 c

Shkrimi pa **ë** paratheksore i fjalëve të prej-
ardhura, të formuara prej temash më një
bashkëtingëllore me anë të prapashtesave
-tar(e), **-tor(e)**, **-ti**, **-toj**. § 5 shën. a

Shkrimi pa **ë** paratheksore i fjalëve të prej-
ardhura, të formuara prej temash më bashkë-
tingëllore të lëngëta (**-r**, **-l**, **-ll**) me theks mbi
rrokjen e parafundit. § 5 shën. b

Shkrimi pa **ë** paratheksore i fjalëve të prej-
ardhura, të formuara prej temash më **-r**, **-ërr**,
-ël, **-ës**, **-ëz** me anë prapashtesash që fillojnë
me zanore. § 5 ç

Shkrimi me **ë** paratheksore i disa shumë-
save me trajtë fonetikisht të ngjashme me
fjalët e tipit të mësipërm. § 5 ç

Shkrimi me **ë** paratheksore i fjalëve të
prejardhura, të formuara prej temash më
-ër me anë prapashtesash që fillojnë me za-
nore, kur para **ë**-së ndodhet një nga bash-
këtingëlloret **b**, **d**, **f**, **j**, **k**, **p**, **t**, **v** ose gru-
pet **-nd-**, **-st-**. § 5 ç shën.

Shkrimi me **ë** i fjalëve *dhëndëri*, *dhëndëroj*,
gjëndërohem, *motëri*, *sipërore*, *sipëri*. § 5 ç

ë-ja pastheksore

Shkrimi i **ë**-së pastheksore tek emrat femërorë më **-ëz**, tek emrat e mbiemrat mashkullorë më **-ës, -ësh** dhe te femërorët përkatës në të gjitha trajtat e lakimit.	§ 6 a
Shkrimi i **ë**-së pastheksore te mbiemrat më **-ët** në të gjitha trajtat e lakimit të tyre.	§ 6 b
Shkrimi me **-të** (dhe jo me **-ët**) i mbiemrave të formuar prej një teme më **-h**.	§ 6 b shën.
Shkrimi i **ë**-së te trajta e vetës së dytë njëjës e së tashmes lidhore të foljeve me temë më bashkëtingëllore.	§ 6 c
Shkrimi pa **ë** pastheksore i emrave e i mbiemrave më **-ël, -ër, -ërr** dhe i emrave mashkullorë më **-izëm, -azëm** gjatë lakimit, kur pas këtyre fundoreve vjen një zanore.	§ 7 a
Shkrimi i **ë**-së pastheksore të mbaresës **-ër** të shumësit të emrave mashkullorë në të gjitha rasat gjatë lakimit (**etër-etërit, etërve** etj.).	§ 7 a
Shkrimi pa **ë** pastheksore i mbiemrave më **-ëm** e më **-shëm** gjatë lakimit, kur pas këtyre prapashtesave vjen një zanore ose një **-j**.	§ 7 b
Shkrimi pa **ë** para prapashtesave **-shëm** dhe **-të** i mbiemrave të formuar prej tyre në të gjitha trajtat e lakimit.	§ 7 c
Shkrimi pa **ë** pastheksore i trajtave të përngjitura të habitores.	§ 7 ç

ë-ja fundore

Shkrimi i ë-së fundore te fjalët me theks që në krye të herës në rrokjen e parafundit, si edhe në rasat ku ajo s'është më fundore. § 8

Shkrimi i ë-së fundore te emrat femërorë si *bukë, fjalë* dhe në trajtat e lakimit të tyre. § 8 a

Shkrimi i ë-së fundore te numërorët si *dhjetë, mijë* dhe në trajtat e lakimit të tyre. § 8 a

Shkrimi i ë-së fundore te emrat mashkullorë që shkojnë pas lakimit të emrave femërorë *(dajë* etj.). § 8 a

Shkrimi i ë-së fundore te disa emra mashkullorë *(burrë* etj.) dhe te shumica e emrave mashkullorë që përdoren edhe si asnjanës *(ujë* etj.). § 8 b

Shkrimi i ë-së fundore te mbiemrat dhe te ndajfoljet e tipit *(i, e) mirë - mirë*. § 8 c

Shkrimi me -ë i mbiemrave dhe pa -ë i ndajfoljeve në çiftet si *(i, e) drejtë - drejt*. § 8 c

Shkrimi i ë-së fundore te mbiemrat e formuar me anën e prapashtesës -të nga emra e numërorë njërrokësh ose me theks në rrokjen fundore, si edhe nga folje që mbarojnë me zanore. § 8 ç

Shkrimi i ë-së fundore te trajtat e shumësit të emrave dhe të mbiemrave mashkullorë si *partizanë, ushtarë* etj. § 8 d

Shkrimi i ë-së fundore të shumësit të emrave e të mbiemrave mashkullorë në trajtat rasore kur ajo nuk është më fundore. § 8 d

Shkrimi pa **ë** fundore i emërores dhe i kallëzores së pashquar shumës të emrave të njësive të masave që burojnë nga emra njerëzish dhe shkrimi me **-ë-** i tyre në rasat e tjera të shumësit të pashquar (*120 volt - 120 voltësh*). § 8 d shën.

Shkrimi i **ë-së** fundore tek emërorja dhe te kallëzorja e shquar shumës e emrave dhe e mbiemrave mashkullorë që në njëjësin e pashquar mbarojnë më një bashkëtingëllore dhe që janë njërrokësh ose e kanë theksin në rrokjen e fundit. § 8 dh

Shkrimi i **ë-së** fundore te trajtat e shquara njëjës të rasave të zhdrejta dhe tek emërorja e kallëzorja shumës e emrave femërorë që mbarojnë me zanore të theksuar. § 8 e

Shkrimi i **ë-së** fundore te shkurtimet e gjinisë femërore që në emëroren e pashquar shqiptohen me theks mbi rrokjen e fundit. § 8 e

Shkrimi i **ë-së** fundore tek emrat e formuar me prapashtesën **-zë** prej temash që mbarojnë me zanore të theksuar. § 8 ë

Shkrimi i **ë-së** fundore tek emrat e formuar me prapashtesën **-zë** dhe me shpërngulje theksi në rrokjen e parafundit. § 8 ë

Shkrimi i **ë-së** fundore tek emrat femërorë më **-më**. § 8 f

Shkrimi i **ë-së** fundore te përemrat pronorë si *ynë, jonë, të mitë* etj. § 8 g

Shkrimi i **ë-së** fundore te numërorët themelorë. § 8 gj

Shkrimi i **ë-së** fundore te foljet me temë më zanore në vetën e parë dhe të tretë shumës të së tashmes dëftore e lidhore. § 8 h

Shkrimi i **ë**-së fundore te foljet me temë më grup zanoresh të ndjekur nga një **-j** në vetat dhe mënyrat e mësipërme. § 8 h

Shkrimi i **ë**-së fundore te trajtat foljore të shumësit të së kryerës së thjeshtë që dalin më një zanore. § 8 i

Shkrimi i **ë**-së fundore te veta e tretë njëjës e mënyrës lidhore të të gjitha foljeve. § 8 j

Shkrimi i **ë**-së fundore te pjesoret e foljeve me temë më zanore a më **-l, -ll, -r, -rr** dhe te mbiemrat e nyjshëm të formuar prej tyre. § 8 k

Shkrimi i **ë**-së fundore te pjesoret si *dhënë, ngrënë* etj. § 8 k

Shkrimi pa **-ë** fundore i pjesoreve me temë më tog zanor, të cilat theksin e kanë në rrokjen e parafundit. § 8 k

Shkrimi pa **ë** fundore i emrave dhe i mbiemrave më **-ël, -ër, -ërr, -ëz, -ull, -ur** që nuk e kanë theksin në rrokjen e fundit. § 9 a

Shkrimi pa **ë** fundore i emrave dhe i mbiemrave që në shumësin e pashquar dalin më një nga bashkëtingëlloret **-gj, -q, -j, -nj**, të prira nga një zanore. § 9 b

Shkrimi pa **ë** para nyjës **-të** dhe mbaresave rasore të shumësit i emrave si *cjep, desh* etj. § 9 b shën.

Shkrimi pa **ë** i trajtave rasore të shumësit të emrave dhe të mbiemrave që në emëroren e pashquar të shumësit mbarojnë me dy bashkëtingëllore ose me **-l, -r, -s, -z**. § 9 c

Shkrimi me **-i-** para nyjës **-t** të trajtës së shquar dhe para mbaresës **-sh** të rrjedhores i emrave dhe i mbiemrave të mësipërm. § 9 c

Shkrimi pa **ë** fundore i rrjedhores së shquar
të emrave që në shumës mbarojnë me zanore — § 9 ç
të theksuar.

Shkrimi pa **ë** fundore i mbiemrave të formuar
me prapashtesat -(ë)**m**, -**shëm**. — § 9 d

Shkrimi pa **ë** fundore i mbiemrave të formuar
nga emra, numërorë e ndajfolje me theksin
mbi rrokjen e parafundit. — § 9 dh

Shkrimi pa **ë** fundore i pjesoreve (dhe i mbiemrave përkatës) më -**ur**, -**ier**, -**yer**, -**uar**. — § 9 e

Shkrimi pa **ë** fundore i trajtave të vetës së
parë e të tretë shumës të së tashmes dëftore
e lidhore të foljeve që dalin më bashkëtingëllore ose më -**ie**. — § 9 ë

Shkrimi pa **ë** fundore i trajtave të shumësit të
së pakryerës së dëftores e të lidhores te të gjitha
foljet. — § 9 f

Shkrimi pa **ë** fundore i shumësit të së kryerës
së thjeshtë të foljeve me temë më bashkëtingëllore. — § 9 g

Shkrimi pa **ë** fundore i shumësit të së kryerës
së thjeshtë të foljeve që përmbajnë një grup
zanoresh. — § 9 g

Shkrimi pa **ë** fundore i trajtave të urdhërores
të foljeve që te kjo mënyrë e kanë temën
më bashkëtingëllore. — § 9 gj

Shkrimi pa **ë** fundore i përemrave dëftorë *(i,
e) atij, (i, e) këtij, (i, e) asaj, (i, e) kësaj*. — § 9 h

Shkrimi pa **ë** fundore i përemrave pronorë *(i,
e) tij, (i, e) saj*. — § 9 h

ZANORJA U

Shkrimi me **u** në të gjitha rasat i emrave dhe
i mbiemrave më **-ull, -ur**. § 10

Shkrimi me **u** i emrave dhe i mbiemrave të
formuar prej emrash dhe mbiemrash më **-ull,
-ur**. § 10

ZANORET I DHE Y

Shkrimi me **i** (dhe jo me **y**) i fjalëve si
ai, bilbil, direk etj. § 11

Shkrimi me **y** i fjalëve si *byzylyk, çyrek, dysheme* etj. § 11

ZANORET U DHE Y

Shkrimi me **u** dhe jo me **y** i fjalëve si *bufe, bulmet, bulmetore* etj. § 12

Shkrimi me **y** dhe jo me **u** (as me **i**) i fjalëve si *bërryl, bylyk, byrek* etj. § 12

GRUPE ZANORESH DHE DIFTONGJE -IE- / -JE-

Shkrimi me **-ie-** i emrave tek të cilët ky grup
ndiqet nga bashkëtingëlloret **-l, -ll,-r** dhe i fjalëve të formuara prej tyre. § 13 a

Shkrimi me **-ie-** i foljeve tek të cilat ky grup
zanoresh ndiqet nga mbaresa **-j**. § 13 b

Shkrimi me **-je-** i trajtave të njëjësit të së
kryerës së thjeshtë të dëftores dhe i trajtave
të dëshirores të foljeve të mësipërme. § 13 b

Shkrimi me **-je-** në të gjitha trajtat i foljes
ndjej (ia fal fajin dikujt), si edhe i formimeve prej saj. § 13 b

Shkrimi me **i** i trajtave pësore-vetvetore të
foljeve të mësipërme. § 13 b

Shkrimi me **-je-** i të gjitha fjalëve të formuara nga folja *ndiej*. § 13 b shën.

Shkrimi me **-ie** i foljeve te trajta përfaqësuese
e të cilave ky grup ndodhet në rrokje të hapur § 13 c

Shkrimi me **-j-** i këtyre foljeve në vetën e
tretë njëjës të lidhores e të urdhërores dhe në
trajtat e shumësit që bashkohen me trajtat e
shkurtra të përemrit vetor. § 13 c

Shkrimi me **i** i këtyre foljeve në vetën e dytë
shumës të së tashmes dëftore, lidhore dhe urdhërore, në të pakryerën e dëftores e të lidhores dhe në trajtat pësore-vetvetore. § 13 a

Shkrimi me **-je-** i foljeve me temë më **-l, -ll,
-rr** dhe i fjalëve të formuara prej tyre. § 14

Shkrimi me **i** i foljeve të mësipërme në vetën
e dytë shumës të së tashmes dhe në të gjitha
vetat e së pakryerës së dëftores e të lidhores,
në urdhërore dhe në trajtat pësore-vetvetore. § 14

GRUPI YE

Shkrimi i grupit **ye** te fjalë si *arsye, dyer* etj. § 15

GRUPET UA, UE

Shkrimi i grupit **ua** te emrat dhe mbiemrat si *buall, dragua, i huaj* etj. § 16 a

Shkrimi i grupit **ua** te foljet me temë më **-ua** si *bluaj, dua* etj., si edhe te shumësi i së kryerës së thjeshtë, te habitorja dhe te pjesoret e foljeve me temë më **-o**. § 16 b

Shkrimi pa grup zanoresh i trajtave pësore--vetvetore si *kryhet, bluhet* etj. § 16 b

Shkrimi me **ue** i emrave dhe i mbiemrave foljorë të formuar me prapashtesat **-s** dhe **-shëm** nga folje me temë më **-o** / **-ua**, si edhe i fjalëve të formuara prej tyre. § 17

TAKIMI I DY ZANOREVE TË NJËJTA

Shkrimi i dy **zanoreve** të njëjta, kur ato takohen në formim fjalësh. § 18

APOSTROFI

Përdorimi i apostrofit për të shënuar rënien e ë-së fundore:

te trajtat e shkurtra përemërore **më** dhe **të**; § 19 a

te pjesëza **të** e trajtave foljore, kur pas tyre vijnë trajtat e shkurtra përemërore **i, u, ia, iu, ja, jua, ua** ose pjesëza **u** e trajtave pësore-vetvetore të foljeve. § 19 a

Shkrimi pa apostrof i trajtave përemërore **ma, ta**. § 19 a shën.

Përdorimi i apostrofit pas pjesëzës mohuese s dhe pas përemrit ç.	§ 19 b
Shkrimi pa apostrof i përemrit të pakufishëm çdo, i përemrit pyetës çfarë dhe i fjalëve të formuara prej tyre.	§ 19 b shën.
Përdorimi i apostrofit tek nyjat **të**, **së** me kuptim pronor në rasat e zhdrejta të emrave *i ati, e ëma*.	§ 19 c
Mospërdorimi i apostrofit kur **ë**-ja fundore e patheksuar ndiqet nga një fjalë që fillon me zanore.	§ 20 a
Mospërdorimi i apostrofit te fjalët që mbarojnë me **a, e, i,** kur ato ndiqen nga një fjalë që nis me zanore.	§ 20 b
Mospërdorimi i apostrofit në vetën e tretë njëjës e shumës të përemrave vetorë të thjeshtë (pa parashtesë), kur vijnë pas një parafjale	§ 20 c
Mospërdorimi i apostrofit te trajtat e përemrave pronorë që nisin me s ose t *(sime, tim)*.	§. 20 ç

THEKSI

Mospërdorimi i asnjë lloj theksi në shkrim.	§ 21
Përdorimi në raste të veçanta i theksit të mprehtë (′).	§ 21

II. DREJTSHKRIMI I BASHKËTINGËLLOREVE

BASHKËTINGËLLORET E ZËSHME NË FUND E NË TRUP TË FJALËS

Shkrimi i bashkëtingëlloreve të zëshme **b, d, dh, g, gj, v, x, xh, z, zh** si të tilla, kur gjenden në fund të fjalës. § 22

Shkrimi i bashkëtingëlloreve të zëshme si të tilla, kur gjenden në trup të fjalës përpara një bashkëtingëlloreje të shurdhët a përpara bashkëtingëllores **n**. § 22

Shkrimi me **-s** i ndajfoljeve të formuara me prapashtesën **-as**. § 22 shën. 2

SH / ZH / Ç NISTORE

Shkrimi i fjalëve me **sh** nistore, kur kjo ndiqet nga një bashkëtingëllore e shurdhët (**f, k, p, q, t, th**). § 23 a

Shkrimi i fjalëve me **zh** nistore, kur kjo ndiqet nga një bashkëtingëllore e zëshme (**b, d, g, gj, v**). § 23 b

Shkrimi me **ç** i të gjitha fjalëve të formuara me këtë përemër, pavarësisht nga bashkëtingëllorja që e pason. § 23 b shën.

Shkrimi i fjalëve me **ç** nistore, kur kjo ndiqet nga një zanore ose nga një bashkëtingëllore e tingullt (**l, ll, r, rr, m, n, nj, j**). § 23 c

S, Z NISTORE

Shkrimi i fjalëve me **s** nistore, kur kjo ndiqet nga një bashkëtingëllore e shurdhët ose nga një bashkëtingëllore e tingullt (**m, n, l**). § 24 a

Shkrimi i fjalëve me **z** nistore, kur kjo ndiqet nga një bashkëtingëllore e zëshme. § 24 b

Shkrimi me **z** nistore i fjalëve *zmadhoj, zmbraps* dhe i formimeve prej tyre. § 24 b

SHKRIMI I J-SË

Shkrimi me **j** i emrave ku **j**-ja ndërzanore i përket temës, si edhe i fjalëve të formuara prej tyre. § 25 a

Shkrimi me **j** i emrave femërorë që dalin më zanore të theksuar (përveç **i**-së) në trajtat ku zanorja e theksuar ndiqet nga një zanore tjetër. § 25 b

Shkrimi me **j** i emërores njëjës të shquar të emrave që dalin më **-o** të patheksuar, si edhe i gjinores, dhanores e rrjedhores njëjës të pashquar. § 25 c

Shkrimi me **j** i emrave të përveçëm të tipit *Koço*. § 25 c

Shkrimi me **j** i përemrave *(i, e) tij, (i, e) atij, (i, e) këtij* dhe i trajtave të ndryshme të tyre. § 25 ç

Shkrimi me **j** i trajtës së shkurtër të përemrit vetor të vetës së tretë (**i**), kur i prapangjitet foljes, e bashkuar me një tjetër trajtë të shkurtër ose me pjesëzën **u** të pësore-vetvetores. § 25 d

Shkrimi me **j** i vetës së parë e të tretë shumës të së tashmes së dëftores të foljeve më -aj, -ej, -ëj, -ij, -oj, -uj, -yj, -iej, -uaj, -yej. § 25 dh

Shkrimi me **j** i vetës së parë e të tretë njëjës e shumës të së tashmes së lidhores dhe të së ardhmes së foljeve më -aj, -ej, -ëj, -ij, -oj, -uj, -yj, -iej, -uaj, -yej. § 25 dh

Shkrimi me **j** i vetës së parë e të dytë njëjës të së pakryerës dëftore, lidhore e kushtore të foljeve më -aj, -ej, -ëj, -ij, -oj, -uj, -yj, -iej, -uaj, -yej. § 25 dh

Shkrimi pa **-j** i foljeve si *ha, fle*, që në vetën e parë të së tashmes dëftore dalin më zanore. § 25 dh shën.

Shkrimi me **i** dhe jo me **j** i trajtave rasore të njëjësit të shquar (me përjashtim të kallëzores), si edhe i trajtave të gjinores, të dhanores e të rrjedhores së njëjësit të pashquar të emrave mashkullorë më **-ua** ose më **-a** të theksuar. § 26 a

Shkrimi me **i** dhe jo me **j** i trajtës së shkurtër përemërore **i**, kur bashkohet me një trajtë tjetër të shkurtër ose me pjesëzën **u** të pësore-vetvetores. § 26 b

Shkrimi me **-i** i vetës së tretë njëjës të së kryerës së thjeshtë të foljeve më **-oj** ose **-uaj**. § 26 c

Shkrimi me **-i-** i fjalëve të formuara prej temash më **-i** të theksuar me anë prapashtesash që fillojnë me zanore. § 26 ç

SHKRIMI I BASHKËTINGËLLORES **H**

Shkrimi i **h**-së në fillim të fjalës. § 27 a

Shkrimi i **h**-së në fillim të fjalëve të burimit turk. § 27 a

Shkrimi i **h**-së në fund të fjalës.	§ 27 b
Shkrimi i **h**-së në mes të fjalës te trajtat pësore-vetvetore të foljeve me temë më zanore.	§ 27 c
Shkrimi i **h-së** në mes të fjalës në raste të tjera.	§ 27 c
Fjalë që nuk shkruhen me **h**.	§ 27 shën.

FJALËT ME **RR**

Shkrimi i **rr**-së në fillim të fjalës.	§ 28 a
Shkrimi i **rr**-së në mes të fjalës.	§ 28 b
Shkrimi i **rr**-së në fund të fjalës.	§ 28 c
Fjalë që shkruhen me **r** (dhe jo me **rr**).	§ 28 shën.

NJ-JA NË TRUP E NË FUND TË FJALËS

Shkrimi me **nj** në trup të fjalës i emrave femërorë si *banjë, finjë*.	§ 29 a
Shkrimi me **nj** i mbiemrave të formuar nga një temë më **-nj**.	§ 29 b
Shkrimi me **-nj** i shumësit të emrave mashkullorë me zanore të theksuar ose më **-ua**.	§ 29 c
Shkrimi me **-nj** i shumësit të disa emrave mashkullorë si *gjarpër, lumë* etj.	§ 29 c

GRUPE BASHKËTINGËLLORESH
MB, ND, NG, NGJ

Shkrimi i plotë i grupeve të bashkëtingëlloreve **mb, nd, ng, ngj** në fillim, në trup dhe në fund të fjalës. § 30

TAKIME BASHKËTINGËLLORESH
TAKIMI I T-SË ME SH-NË

Shkrimi me **tsh** i mbiemrave të formuar me prapashtesën **-shëm,** kur **sh**-ja e prapashtesës takohet me **t**-në e temës. § 31

Shkrimi me **tsh** i trajtave të dëshirores, ku **sh**-ja e prapashtesës takohet me **t**-në e temës. § 31

TAKIMI I G-SË OSE I N-SË ME J-NË

Shkrimi me **i** i fjalëve ku takohet **g**-ja ose **n**-ja e temës me **j**-në e prapashtesës a të mbaresës. § 32

TAKIMI I D-SË, S-SË, T-SË OSE I Z-SË ME H-NË

Shkrimi pa shenjë ndarëse midis pjesëve përbërëse i fjalëve të prejardhura ose të përbëra, ku **d**-ja, **s**-ja, **t**-ja ose **z**-ja takohet me një **h** që vjen pas. § 33

Shkrimi pa shenjë ndarëse i emrave të përveçëm ku **d**-ja, **s**-ja, **t**-ja ose **z**-ja takohet me një **h.** § 33

TAKIMI I **D**-SË ME **T**-NË

Shkrimi me **dt**, kur në formim fjalësh ose trajtash takohen këto bashkëtingëllore. § 34

TAKIMI I DY SHKRONJAVE TË NJËJTA

Shkrimi i të dyja shkronjave të njëjta (njëra prej të cilave mund të bëjë pjesë në një dyshkronjësh), kur ato takohen në formim fjalësh. § 35

Shkrimi vetëm me **rr** i fjalëve ku takohen r me **rr**. § 35 shën. 1

Shkrimi vetëm me **ll** i fjalëve ku takohen l me **ll**. § 35 shën. 1

Shkrimi me -**st** dhe jo me -**tt** i trajtës së vetës së tretë njëjës të së pakryerës dëftore, lidhore e kushtore të foljeve me temë më -**t**. § 35 shën. 3

III. DISA TIPA FJALËSH ME PREJARDHJE TË HUAJ DHE EMRASH TË PËRVEÇËM TË HUAJ

Shkrimi me -ia-, -ie-, -io-, -iu- i fjalëve të huaja që kanë -ia-, -ie-, -io-, -iu- me i të patheksuar në trup të tyre, si edhe i emrave të përveçëm të huaj të këtyre tipave. § 36 a

Shkrimi me -ja-, -je-, -jo-, -ju- i një numri fjalësh si *havjar, objekt, fjord* etj. § 36 a shën.

Shkrimi me ja-, je-, jo-, ju- i fjalëve që nisin me togjet e mësipërme, si edhe i emrave të përveçëm të huaj të këtyre tipave. § 36 b

Shkrimi me j i fjalëve dhe i emrave të përveçëm me aj, ej, oj, uj, kur këto grupe janë në trup të tyre. § 36 c

Shkrimi me i i fjalëve dhe i emrave të përveçëm të mësipërm, kur këto grupe janë fundore. § 36 c

Shkrimi me i i fjalëve me burim prej greqishtes së vjetër, që në këtë gjuhë kanë y. § 36 ç

Shkrimi me i i emrave të përveçëm me burim prej greqishtes së vjetër, që në këtë gjuhë kanë y, si edhe i fjalëve të formuara prej tyre. § 36 ç

Shkrimi edhe në gjuhën shqipe me au, eu i fjalëve dhe i emrave të përveçëm me burim grek, latin a iliro-trak me au, eu. § 36 d

Shkrimi me v i një numri fjalësh si *Evropë, nevralgji* etj. § 36 d shën.

Shkrimi me **ua, ue, ui, uo** i fjalëve dhe i emrave të përveçëm të burimit latin-roman me **kua, kue, kui, kuo**.	§ 36 dh
Shkrimi në shqipen me **-oo-** i fjalëve të huaja me **-oo-**.	§ 36 e
Shkrimi me **c** i fjalëve me burim nga latinishtja, nga gjuhët romane, si edhe nga greqishtja, të cilat në gjuhën shqipe kanë një **c** të ndjekur nga **e** ose **i**.	§ 36 e
Shkrimi me **c** i emrave të përveçëm të huaj që në gjuhën shqipe kanë një **c** të ndjekur nga një **e** ose **i**.	§ 36 ë
Shkrimi me **d, t** (e jo me **dh, th**) i fjalëve ndërkombëtare me burim nga greqishtja e vjetër.	§ 36 f
Shkrimi me **d, t** i emrave të përveçëm grekë e romakë.	§ 36 f
Shkrimi me **dh, th** i një numri fjalësh dhe emrash të përveçëm të përdorimit popullor.	§ 36 f shën.
Shkrimi me **gj** i fjalëve që burojnë kryesisht nga greqishtja, latinishtja a nga gjuhët romane e që në shqipen kanë një **gj** të ndjekur nga **e** ose **i**, si edhe i emrave të përveçëm të huaj të tipit të mësipërm.	§ 36 g
Shkrimi me **xh** e jo me **gj** i një numri fjalësh si *inxhinier, xhiro* etj.	§ 36 g shën.
Shkrimi me **j** (dhe jo me **zh** ose **xh**) i fjalëve si **adjutant, juri** etj.	§ 36 gj
Shkrimi me **zh** i fjalëve që janë marrë drejtpërdrejt nga frëngjishtja.	§ 36 gj
Shkrimi me **gn** i fjalëve si *agnosticizëm, gneis* etj.	§ 36 h

Shkrimi me **nj** i fjalëve si *dinjitet, linjit* etj. § 36 h

Shkrimi me **h-** i fjalëve që në greqishten e vjetër fillonin me zanore të aspiruar dhe në latinishten me **h-**. § 36 i

Shkrimi me **h-** i emrave të përveçëm që në greqishten e vjetër fillonin me zanore të aspiruar dhe në latinishten me **h-**, si edhe i emrave të tjerë të përveçëm, fonetikisht të ngjashëm me ta. § 36 i

Shkrimi me **k** i fjalëve të terminologjisë tekniko-shkencore ndërkombëtare me burim nga greqishtja e vjetër dhe që përmbajnë tema të cilat në greqishte kanë pasur një χ, si edhe i emrave të përveçëm të huaj të tipit të mësipërm. § 36 j

Shkrimi me **ks** i fjalëve të huaja që në gjuhën shqipe kanë një **-ks-** të ndjekur nga një **-io**. § 36 k

Shkrimi me **ks** i fjalëve me burim grek a latın që përmbajnë elementin **eks** të ndjekur nga një bashkëtingëllore. § 36 l

Shkrimi me **kz** i fjalëve me burim grek a latin që përmbajnë elementin **eks** të ndjekur nga një zanore. § 36 l

Shkrimi me **kz** i fjalëve të burimit grek që përmbajnë temat *ekzo* a *hekza*. § 36 l

Shkrimi me **l** i fjalëve me burim nga greqishtja e vjetër, nga latinishtja ose nga gjuhët romane dhe që në këto gjuhë kanë një l të thjeshtë ose dyfishe. § 36 ll

Shkrimi me **l** i emrave të përveçëm me burim nga greqishtja e vjetër, nga latinishtja ose nga gjuhët romane dhe që në këto gjuhë kanë një l të thjeshtë ose dyfishe. § 36 ll

Shkrimi me **ll**, në pajtim me shqiptimin popullor të ngulitur prej kohësh, i disa fjalëve me burim të huaj të tipit të mësipërm. § 36 ll shën. 1

Shkrimi me **l** dhe me **ll** i fjalëve me burim nga anglishtja. § 36 ll shën. 2

Shkrimi me **l** dhe me **ll** i fjalëve të reja të burimit sllav. § 36 ll shën. 3

Shkrimi me **rr** i fjalëve të huaja, kryesisht romane, që në këto gjuhë kanë **rr**. § 36 m

Shkrimi me **-z-** i fjalëve me burim nga greqishtja e vjetër, nga latinishtja a nga gjuhët romane ose të formuara në shqipen me elemente të këtyre gjuhëve, tek të cilat ato kanë një s ndërzanore, si edhe i emrave të përveçëm të huaj të tipit të mësipërm. § 36 n

Shkrimi me **s** i një numri emrash të përveçëm të tipit të mësipërm. § 36 n shën.

Shkrimi me **-z-** i fjalëve me **-izëm** e **-azëm**. § 36 nj

Shkrimi me **-zm-** i fjalëve me burim nga greqishtja e vjetër ose të ndërtuara me elemente të kësaj gjuhe. § 36 o

Shkrimi me **-z-** i fjalëve të huaja, të formuara me parashtesën **dez- (des-)**, kur s-ja e parashtesës gjendet në pozicion ndërzanor. § 36 p

Shkrimi me **s** i fjalëve me parashtesën **dis-** përpara një bashkëtingëlloreje. § 36 q

Shkrimi me **s** i fjalëve me parashtesën **trans**. § 36 q

Shkrimi me **s** i fjalëve të huaja që në gjuhën e burimit kanë **ss**. § 36 r

Shkrimi me -s- i fjalëve të huaja të formuara me parashtesën a- prej fjalësh me s nistore.	§ 36 rr
Shkrimi i emrave të përveçëm të huaj sipas shqiptimit të tyre në gjuhët përkatëse dhe në përshtatje me sistemin grafik të shqipes.	§ 37
Mosruajtja në shkrim e bashkëtingëlloreve dyfishe të emrave të përveçëm të huaj me përjashtim të **rr**-së.	§ 37
Shënimi në kllapa, në shfaqjen e parë, i emrave të përveçëm të huaj sipas grafisë së gjuhës nga burojnë.	§ 37
Shkrimi me **l** i emrave të përveçëm të gjuhëve sllave, pavarësisht nga mënyra e shqiptimit të l-së në këto gjuhë.	§ 37 shën. 1
Shkrimi me -i i emrave të përveçëm më **-ij** të burimit rus.	§ 37 shën. 2
Shkrimi sipas traditës së ngulitur prej kohësh në gjuhën shqipe i disa emrave të përveçëm të huaj.	§ 37 shën. 3

IV. ÇËSHTJE GRAMATIKORE

DISA TRAJTA TË SHUMËSIT TË EMRAVE DHE TË MBIEMRAVE

Shkrimi me **-a** në shumës i emrave femërorë më **-ë** *(arra-t, rroba-t).* § 38 a

Shkrimi me **-ë** në shumës, ashtu si në njëjës, i emrave femërorë më **-ë** *(anë-t, fletë-t).* § 38 b

Shkrimi me dy trajta shumësi, sipas kuptimeve me të cilat përdoren, i një numri emrash femërorë si *brinjë-t, brinja-t.* § 38 b shën.

Shkrimi në shumës njësoj si në njëjës i emrave femërorë më zanore të theksuar *(një hardhi- shumë hardhi).* § 39

Shkrimi në shumës njësoj si në njëjës i emrave femërorë më **-e** dhe **-o** të patheksuar *(një lule - shumë lule, një pako - shumë pako).* § 39

Përdorimi në gjuhën letrare edhe i shumësit më **-ra** te disa nga emrat e tipave të mësipërm për qëllime të caktuara stilistike-shprehëse. § 39

Shkrimi në shumës zakonisht me **-ë** i emrave mashkullorë më **-al, -an, -ar, -ec, -el, -er, -et, -ez, -ll, -ir, -ol, -on, -oz, -un.** § 40

Shkrimi në shumës me **-a** i disa emrave nga tipat e mësipërm. § 40 a

Shkrimi në shumës me **-e** i disa emrave nga tipat e mësipërm. § 40 b

Shkrimi në shumës rregullisht me **-ë** i emrave më **-ac, -aç, -af, -ak, -ap, -aq, -ash, -eç, -ek, -en, -esh, -ik, -in, -ist, -jan, -jot, -ok, -or, -osh, -ot, -tar, -tor, -uk.** § 40 shën. 1

Shkrimi në shumës me -ë i emrave më -ant, -at, -az, -ent, -id, -it, -ont, kur shënojnë frymorë. § 40 shën. 2

Shkrimi në shumës me -e i emrave më -ant, -at, -az, -ent, -id, -it, -ont, kur nuk shënojnë frymorë. § 40 shën. 2

Shkrimi në shumës me -e i emrave më -azh, -ezh, -ël, -im, -ion, -(i)um, -ozh, -us. § 40 shën. 3

Shkrimi në shumës me -a i disa emrave si bërryla, cepa etj. § 40 shën. 4

Shkrimi në shumës me -e i disa emrave si djepe, kryqe etj. § 40 shën. 4

Shkrimi në shumës njësoj si në njëjës i emrave mashkullorë më -ës, -ues e -yes. § 41

Përdorimi në shumës i trajtës së gjinisë femërore të mbiemrave që përcaktojnë emra mashkullorë me shumësin më -e (dete të thella). § 42

Përdorimi në shumës i trajtës së gjinisë mashkullore të mbiemrave që përcaktojnë emra me temë më -r, të cilët e formojnë shumësin me mbaresën -a (emra të përveçëm). § 43

Përdorimi në shumës i trajtës së gjinisë femërore të mbiemrave që përcaktojnë emra mashkullorë e asnjanës me shumësin më -ra (ujëra të ftohta). § 43

Shkrimi me fundoren -qe i shumësit të emrave më -llëk. § 44

SHKRIMI I NYJËS SË PËRPARME

Shkrimi me nyjë të përparme (i, e, të, së) i emrave në rasën gjinore. § 45

Shkrimi me nyjën e përparme **të** i një emri
të rasës gjinore, kur vjen pas një emri tje-
tër të rasës gjinore a dhanore të pashquar
njëjës, pavarësisht nga gjinia që ka ky i fundit. § 46

Shkrimi me nyjën e përparme **të** i një emri
të çfarëdo gjinie në rasën gjinore, kur vjen pas
një emri mashkullor në rasën gjinore a dha-
nore të shquar njëjës. § 47

Shkrimi me nyjën e përparme **së** i një emri të
çfarëdo gjinie në rasën gjinore, kur vjen pas
një emri femëror në rasën gjinore a dhanore
të shquar njëjës. § 47

Shkrimi me nyjën **të** i mbiemrit të dytë dhe i
të tjerëve pas tij (po ashtu edhe i numërorëve
rreshtorë), kur dy a më shumë mbiemra për-
caktojnë një emër femëror të rasës gjinore,
dhanore a rrjedhore njëjës. § 48

Përdorimi i nyjës **së** kur dy a më shumë mbi-
emra të nyjshëm ose numërorë rreshtorë ndo-
dhen përpara emrit. § 48 shën.

Shkrimi me nyjën **të** i fjalës përcaktuese të
dytë dhe i të tjerave pas saj (emra ose mbi-
emra), kur përcaktojnë një emër femëror në
rasën gjinore, dhanore a rrjedhore njëjës. § 49

Shkrimi me nyjën **së** i emrit të dytë femëror
njëjës e i të tjerëve pas tij, në rastet kur pas
një emri femëror të shquar të rasës gjinore,
dhanore a rrjedhore njëjës vijnë dy a më
shumë emra femërorë në gjinore njëjës, që
përcaktojnë secili emrin që ndodhet menjëherë
para tyre. § 50

Shkrimi me nyjën **të** i emrit të dytë femëror
njëjës e i të tjerëve pas tij në rastet kur pas
një emri femëror të shquar të rasës gjinore, dha-
nore a rrjedhore njëjës vijnë dy a më shumë
emra femërorë në gjinore njëjës, që përcak-

tojnë jo emrin në gjinore që ndodhet menjëherë përpara tyre, por atë që ndodhet para atij. § 50

Përdorimi i nyjës **të** përpara emrit të dytë e të tjerëve pas tij të rasës gjinore, kur një emër femëror në gjinore njëjës përcaktohet nga dy ose më shumë emra të bashkërenditur. § 51

Përdorimi i nyjës së përparme **i** për gjininë mashkullore dhe **e** për gjininë femërore përpara emrit të dytë nga dy emra në rasën gjinore, që ndjekin një emër në emërore njëjës. § 52

Përdorimi i nyjës së përparme **të** përpara emrit të dytë nga dy emra në rasën gjinore, që ndjekin një emër në kallëzore njëjës. § 52

Përdorimi i nyjës **së** për trajtën e shquar dhe i nyjës **të** për trajtën e pashquar përpara emrave femërorë të nyjshëm në gjinore, dhanore e rrjedhore. § 53

Përdorimi i nyjës **së** në gjinore, dhanore e rrjedhore të shquar përpara emrave femërorë të farefisnisë, kur përdoren me nyjë. § 53

Përdorimi i nyjës së përparme përpara secilit nga dy a më shumë emra të bashkërenditur të rasës gjinore që përcaktojnë një emër. § 54

Shkrimi ose jo, duke u mbështetur në arsye të caktuara kuptimore a stilistike, i nyjës së përparme te emri i dytë e te të tjerët pas tij, kur vijnë njëri pas tjetrit më shumë se tre emra të rasës gjinore të bashkërenditur pa lidhëza. § 54

Përdorimi i nyjës **të** pas një emri femëror, kur ndeshen dy nyja të përparme të rasës gjinore të gjinisë femërore **(së së)**. § 55

Shkrimi i nyjës **i** midis emrave mashkullorë në emërore, të cilët lakohen si femërorët, dhe emrave ose mbiemrave që i përcaktojnë ata. § 56

Shkrimi i nyjës **së** midis emrave mashkullorë në gjinore, dhanore e rrjedhore, të cilët lakohen si femërorët, dhe emrave ose mbiemrave që i përcaktojnë ata. § 56

Shkrimi i nyjës **të** te mbiemrat e nyjshëm të shkallës pohore, kur vijnë pas një emri femëror në gjinore a dhanore të pashquar njëjës. § 57

Shkrimi i nyjës **së** te mbiemrat e nyjshëm të shkallës pohore, kur vijnë pas një emri femëror të shquar. § 57

Shkrimi me nyjën e përparme **të** në rasat e zhdrejta të njëjësit i mbiemrave të shkallës krahasore dhe sipërore të formuar me pjesëzën **më**, kur vijnë pas një emri femëror. § 58

Shkrimi me nyjën e përparme **së** në rasat e zhdrejta të njëjësit i mbiemrave të shkallës krahasore dhe sipërore të formuar me pjesëzën **më**, kur ndodhen para një emri femëror. § 58

Përdorimi me nyjën **e** i mbiemrit të nyjshëm me funksion cilësori, kur ndjek një kundrinë të drejtë të shprehur me emër në kallëzore të shquar. § 59

Përdorimi me nyjën **të** i mbiemrit të nyjshëm me funksion kallëzuesori, kur ndjek një kundrinë të drejtë të shprehur me emër në kallëzore të shquar. § 59

Përdorimi i nyjës **të** para mbiemrave të nyjshëm që ndjekin një emër në rrjedhoren e pashquar shumës. § 60

Shkrimi pa nyjë i përemrave pronorë *im, ime, yt, jote, ynë, jonë, juaj* me përdorim thjesht si përemra ose si përcaktues të një emri. § 61

Shkrimi me nyjë të përparme i përemrave pronorë *e (të) mi, e (të) tu* etj. në të gjitha trajtat dhe përdorimet e tyre. § 61

SHKRIMI I DISA PJESËZAVE DHE PARAFJALËVE

Shkrimi zakonisht i plotë i trajtave foljore që formohen me **do të**. § 62

Shkrimi i pjesëzës **të** para lidhores ose pjesores gjatë përsëritjes së trajtave foljore përkatëse bashkë me parafjalët që mund të ketë përpara. § 63

Shkrimi i pjesëzës **duke** të përcjellores në të gjitha rastet e përsëritjes së kësaj trajte foljore. § 64

Përsëritja, në raste mohimi, edhe e pjesëzës **mos** bashkë me pjesëzën **duke**. § 64

Shkrimi i pjesëzës **pa** përpara pjesores në të gjitha rastet e përsëritjes së kësaj trajte foljore. § 65

Përsëritja në shkrim e parafjalëve **në, te (tek), me, nga, prej** etj. gjatë bashkërenditjes së dy a më shumë emrave a përemrave me të cilët ato lidhen. § 66

Mospërsëritja në shkrim, për arsye të caktuara kuptimore ose stilistike, e parafjalëve **në, te (tek), me, nga, prej** etj. gjatë bashkërenditjes së dy a më shumë emrave a përemrave me të cilët ato lidhen. § 66

V. SHKRIMI I FJALËVE NJËSH, NDARAS DHE ME VIZË NË MES

Shkrimi njësh i të gjitha atyre njësive që nga pikëpamja leksikore përbëjnë një fjalë të vetme. § 67

Shkrimi ndaras i të gjitha atyre njësive që janë pjesë të një togfjalëshi, të një lokucioni ose të një emërtimi të përbërë. § 67

Shkrimi njësh i fjalëve me parashtesa. § 67 A a

Shkrimi njësh i fjalëve të përbëra me lidhje përcaktore ndërmjet gjymtyrëve të tyre. § 67 A b

Shkrimi me vizë midis tyre i pjesëve të njërës gjymtyrë të një fjale të përbërë, kur ato pjesë lidhen midis tyre me lidhëzat e ose a. § 67 A b shën.

Shënimi me vizë i gjymtyrës së dytë të përbashkët të dy a më shumë fjalëve të përbëra të bashkërenditura, kur për arsye shkurtimi, ajo shkruhet vetëm te fjala e fundit. § 67 A b shën.

Shkrimi njësh i fjalëve të përbëra me lidhje këpujore ndërmjet gjymtyrëve të tyre, të njësuara plotësisht si nga ana leksikore, ashtu edhe nga ana gramatikore. § 67 A c

Shkrimi njësh i fjalëve të përbëra e të përngjitura (emra, mbiemra, numërorë, përemra të pakufishëm, ndajfolje, parafjalë, lidhëza, pjesëza, pasthirrma), të ngulitura prej kohësh si të tilla në gjuhë si nga ana leksikore, ashtu edhe nga ana gramatikore. § 67 A ç

Shkrimi njësh i numërorëve themelorë që nga 11 deri më 19 dhe i atyre që tregojnë dhjetëshe, qindëshe. § 67 A ç

Shkrimi njësh i numërorëve rreshtorë, pavarësisht nga numri i pjesëve përbërëse të tyre. § 67 A ç

Dallimi në shkrim i ndajfoljeve *atëherë, njëherë, përse, qëkur (qyshkur)* nga përdorimet e pjesëve përbërëse të tyre si fjalë të veçanta. § 67 A ç shën.

Dallimi në shkrim i lidhëzave *ngase, nëse, sesa* e i pjesëzës *seç* nga përdorimet e pjesëve përbërëse të tyre si fjalë të veçanta. § 67 A ç shën.

Shkrimi njësh i mbaresës e i nyjës së prapme tek emrat e mbiemrat e huaj të personave e të vendeve. § 67 A d

Shkrimi ndaras i togfjalëshave të tipit *emër në emërore + emër në rrjedhore.* § 67 B a

Shkrimi ndaras i togfjalëshave me kuptim mbiemëror të përbërë nga emrat *bojë* ose *ngjyrë* + emër në rrjedhore. § 67 B a

Shkrimi edhe njësh, edhe ndaras i emërtimeve *gjel deti, lule dielli, panxhar sheqeri.* § 67 B a shën.

Shkrimi ndaras i ndajfoljeve dhe i lokucioneve ndajfoljore si *së afërmi, së bashku* etj. § 67 B b

Shkrimi ndaras i lokucioneve ndajfoljore të formuara nga dy fjalë të njëjta ose të ndryshme, të lidhura në mes tyre me parafjalë ose me lidhëzën *e.* § 67 B c

Shkrimi ndaras i ndërtimeve të tipit *me* ose *për* + emër në kallëzore të pashquar me vlerë kryesisht ndajfoljore. § 67 B ç

Shkrimi ndaras i numërorëve themelorë të formuar me fjalët *mijë, milion, miliard.* § 67 B d

Shkrimi ndaras i pjesëve përbërëse të një numërori themelor, të lidhura me lidhëzën **e**. § 67 B d

Shkrimi ndaras i lokucioneve parafjalore ose lidhëzore si *aq sa, deri ku, edhe pse, gjer te, si edhe, sado që* etj. § 67 B dh

Shkrimi ndaras i shprehjeve emërore *për qind, për mijë* etj. § 67 B e

Shkrimi ndaras i pjesëzës **u** të trajtave pësore-vetvetore, kur ndodhet para foljes. § 67 B ë

Shkrimi ndaras i lokucioneve pasthirrmore, pjesët përbërëse të të cilave e ruajnë pavarësinë e tyre gramatikore. § 67 B f

Shkrimi me vizë lidhëse në mes i formimeve të përftuara nga përsëritja e një fjale në të njëjtën trajtë. § 68 a

Shkrimi me vizë lidhëse në mes i formimeve të përftuara nga përsëritja e një fjale në trajta të ndryshme. § 68 a

Shkrimi me vizë lidhëse në mes i formimeve të përftuara nga bashkimi i dy antonimeve. § 68 a

Shkrimi me vizë lidhëse në mes i formimeve të përftuara nga bashkimi i dy numërorëve themelorë për të shënuar një sasi të përafërt. § 68 a

Shkrimi me vizë lidhëse në mes i formimeve onomatopeike të përftuara nga përsëritja e një fjale në të njëjtën trajtë ose në trajtë të ndryshuar. § 68 a

Shkrimi me vizë lidhëse në mes i emërtimeve të përbëra të njësive të matjes. § 68 b

Shkrimi me vizë lidhëse në mes i emërtimeve

të përbëra të njësive të ndryshme të klasifi-
kimit. § 68 b

Shkrimi me vizë lidhëse në mes i emërtimeve
jo të thjeshta me lidhje këpujore plotësuese
ose me lidhje përcaktore-ndajshtimore ndër-
mjet pjesëve përbërëse të tyre. § 68 c

Shkrimi me vizë lidhëse në mes i formimeve
terminologjike të tipit *(raketa) ajër-ajër.* § 68 ç

Shkrimi me vizë lidhëse në mes i formimeve
jo të thjeshta, kryesisht mbiemërore, pjesët e
të cilave kanë midis tyre lidhje këpujore që
shprehin marrëdhënie plotësuese ose të ndër-
sjellta. § 68 d

Shkrimi pa vizë në mes, si fjalë të vetme, i
formimeve të këtij tipi që shënojnë njësi etni-
ke ose gjuhësore të ngulitura historikisht. § 68 d

Shkrimi me vizë lidhëse i pjesëzës *ish-* për-
para emërtimeve të ndryshme. § 68 dh

Shkrimi me vizë lidhëse në mes i emërtimeve
të përbëra të pikave të horizontit, të formua-
ra prej një fjale të thjeshtë dhe prej një
fjale të përbërë. § 68 e

Shkrimi me vizë lidhëse në mes i emrave të
përbërë të krahinave e të fshatrave të vendit
tonë, me lidhje bashkërenditëse, ndajshtimore
ose me lidhje përkatësie. § 68 ë

Shkrimi me vizë lidhëse i emrave të përbërë
gjeografikë të huaj, edhe kur pjesët përbërë-
se lidhen midis tyre me parafjalë, lidhëz
ose nyjë. § 68 f

Shkrimi pa vizë i emërtimeve gjeografike të
huaja që si pjesë të parë kanë një nyjë të
përparme në gjuhët përkatëse. § 68 f

Shkrimi me vizë lidhëse në mes i emrave ose i mbiemrave të huaj të personave, të përbërë prej dy a më shumë pjesësh. § 68 g

Shkrimi veç i nyjës ose i pjesëzës, kur ato ndodhen midis emrit dhe mbiemrit të një personi të huaj. § 68 g shën. 1

Shkrimi pa vizë lidhëse dhe pa kllapa i pjesëve përcaktuese të mbiemrave të personave. § 68 g shën. 2

Shkrimi njësh me emrin i pjesës -ogllu te emrat e përveçëm me burim turk. § 68 g shën. 3

Shkrimi veç i gjymtyrëve përbërëse të emrave dhe të mbiemrave kinezë, koreanë, vietnamezë e birmanë. § 68 g shën. 4

Shkrimi me vizë lidhëse i numërorëve rreshtorë, kur vetë numri ose një pjesë e tij shënohet me shifra arabe. § 68 gj

Shkrimi pa prapashtesë dhe pa nyjë të përparme i numërorëve rreshtorë të shkruar me shifra romake. § 68 gj

Shkrimi me shkronja e jo me shifra romake i numërorëve rreshtorë që shënojnë shkallët e përgjegjësisë në organizatat shoqërore, në ushtri etj. § 68 gj shën.

Shkrimi me vizë lidhëse i emërtimeve të përvjetorëve dhe i formimeve të ngjashme me to, kur numërori shënohet me shifër. § 68 h

Shkrimi pa vizë, si një fjalë e vetme, i emërtimeve të përvjetorëve dhe i formimeve të ngjashme me to, kur numërori shënohet me shkronja. § 68 h

Shkrimi me vizë lidhëse i emërtimeve të veçanta të mjeteve teknike si edhe i emërtimeve të ngjashme konvencionale, në përbërjen e të cilave hyn edhe një numër i shënuar me shifra. § 68 i

Shkrimi me vizë lidhëse i numrave të telefonave dhe të targave të automjeteve, kur përbëhen nga grupe shifrash. § 68 i

Përdorimi i vizës lidhëse midis emërtimeve të shkurtuara të institucioneve, të zyrave, të ndërmarrjeve, të organizatave dhe nyjës së prapme ose mbaresës. § 68 j

Shkrimi me vizë lidhëse i emërtimeve të përbëra nga një pjesë e shkurtuar dhe nga një pjesë e plotë. § 68 k

Shkrimi me vizë lidhëse i shkronjave, numrave (kur shprehen me shifra), i pjesëve të pandryshueshme të ligjëratës, si edhe i elementeve që nuk janë pjesë të ligjëratës, kur përdoren si emra dhe marrin tregues të trajtave rasore. § 68 l

Përdorimi i vizës lidhëse midis pjesëve përbërëse në komandat ushtarake të përbëra nga dy ose më shumë pjesë. § 68 ll

Përdorimi i vizës së gjatë midis emrave të përveçëm që shënojnë caqet e një hapësire gjeografike. § 69 a

Përdorimi i vizës së gjatë midis emrave që shënojnë caqe kohore. § 69 a

Përdorimi i vizës së gjatë midis numërorëve që tregojnë caqet e një hapësire kohore. § 69 b

Përdorimi i vizës së gjatë midis dy a më shumë emrash të veçantë ose emërtimesh, fjalësh a togje fjalësh të veçanta, të cilat kanë ndërmjet tyre marrëdhënie të ndërsjellta, janë elemente përbërëse të njësive kuptimore shumëpjesëshe ose shënojnë kalime nga një gjendje në një tjetër. § 69 ç

Përdorimi i vizës së gjatë midis emrave të bashkautorëve të një vepre. § 69 ç

VI. PËRDORIMI I SHKRONJAVE TË MËDHA

Përdorimi i shkronjës së madhe për të dalluar emrat e përveçëm dhe emërtimet e barasvlershme me ta nga emrat e përgjithshëm. § 70

Shkrimi me shkronjën e parë të madhe i emrave dhe i mbiemrave të personave, si edhe i epiteteve ose i ofiqeve (nofkave) që janë pjesë përbërëse e tyre. § 71

Shkrimi me shkronjën e parë të madhe i pseudonimeve. § 71

Shkrimi me shkronjë të vogël i nyjave dhe i pjesëzave të mbiemrave të huaj, kur jepet i plotë emri dhe mbiemri i personit. § 71 shën. 1

Shkrimi me shkronjë të madhe i nyjave dhe i pjesëzave të mbiemrave të huaj të personave, kur përdoret vetëm mbiemri dhe kur nyja ose pjesëza është element i domosdoshëm i tij. § 71 shën. 1

Shkrimi me shkronjë të madhe i pjesëve *O, Mak, San, Sen* të mbiemrave të huaj të personave. § 71 shën. 1

Shkrimi me shkronjën e parë të madhe i të gjitha pjesëve të emrave dhe të mbiemrave kinezë, koreanë, vietnamezë e birmanë. § 71 shën. 2

Shkrimi me shkronjën e parë të madhe i emrave e i mbiemrave të përveçëm që përdoren për të shënuar një kategori të caktuar njerëzish, por që nuk janë kthyer në emra përgjithshëm. § 72

Shkrimi me shkronjë të vogël i emrave të
përveçëm, kur janë kthyer në emra të për-
gjithshëm që shënojnë tipin përkatës. § 72 shën.

Shkrimi me shkronjë të vogël i emërtimeve
të njësive të matjes, të mjeteve teknike, të
sendeve etj. me burim nga emra të përveçëm. § 72 shën.

Shkrimi me shkronjë të vogël i emërtimeve
të funksioneve shtetërore, politike e ushtarake,
të gradave, të titujve fetarë etj. § 73

Shkrimi me shkronjë të madhe i emërtimeve
të mësipërme, kur ato përdoren më vete (jo
në fjali), siç ndodh zakonisht në rastet kur
u drejtohemi personave përkatës, në nën-
shkrimet, si edhe në renditjen e emërtimeve
në fjalë në dokumentet zyrtare. § 73

Shkrimi me shkronjë të madhe i emërtimeve
të funksioneve shtetërore, politike, ushtarake,
të gradave, të titujve fetarë etj., kur janë bërë
pjesë e pandarë e një emri të përveçëm. § 73

Shkrimi me shkronjë të madhe i të gjitha
fjalëve përbërëse të emërtimeve të funksio-
neve zyrtare e shoqërore më të larta. § 74

Shkrimi me shkronjë të madhe i të gjitha
fjalëve përbërëse të emërtimeve të titujve më
të lartë të nderit të RPSH. § 74

Shkrimi me shkronjë të madhe i të gjitha pje-
sëve përbërëse të emërtimeve të urdhrave e
të medaljeve shtetërore. § 74

Shkrimi me shkronjë të madhe vetëm i fjalës
së parë të emërtimeve të titujve të tjerë të
nderit. § 74

Vënia ndërmjet thonjëzash e emërtimeve të
titujve të nderit, kur përdoren menjëherë pas
fjalës «titull», si ndajshtim i paveçuar me presje. § 74

Shkrimi me shkronjë të madhe i emrave të
përveçëm të botës mitologjike e fetare. § 75

Shkrimi me shkronjë të madhe i emrave të
përveçëm të figurave e të tregimeve popullore. § 75

Shkrimi me shkronjë të vogël i emrave të
përgjithshëm të sferave të mësipërme si *allah,
perëndi, shenjt, zanë* etj. § 75

Shkrimi me shkronjë të madhe i emrave të
përveçëm të kafshëve. § 76

Shkrimi me shkronjë të madhe i emërtimeve
të planetëve, të yjeve, të yjësive e të trupa-
ve të tjerë qiellorë. § 77

Shkrimi me shkronjë të vogël i emrave *diell,
dhe, hënë, tokë*, kur nuk përdoren si terma të
astronomisë. § 77 shën.

Shkrimi me shkronjë të madhe i emërtimeve
gjeografike e territoriale-administrative, si
edhe i emrave të tjerë të vendeve. § 78

Shkrimi me shkronjë të madhe i pjesëve për-
bërëse të një emërtimi gjeografik a të një
emri vendi prej dy a më shumë fjalësh. § 78

Shkrimi me shkronjë të vogël i emrave të për-
gjithshëm gjeografikë që përdoren si përcak-
tues të një emri të përveçëm ose përcaktohen
prej tij. § 78 shën. 1

Shkrimi me shkronjë të madhe i mbiemrave
që janë pjesë përbërëse të emrave gjeografikë. § 78 shën. 2

Shkrimi me shkronjë të madhe i pjesëve
përbërëse të emërtimeve zyrtare të shteteve. § 78 shën. 3

Shkrimi me shkronjë të madhe i emrave të
anëve të horizontit dhe i mbiemrave të formuar prej tyre, kur përdoren si emërtime njësish territoriale ose si pjesë të këtyre emërtimeve. § 78 shën. 4

Shkrimi me shkronjë të vogël i emrave të anëve të horizontit dhe i mbiemrave të formuar prej tyre, kur shënojnë një drejtim ose një
pikë të horizontit. § 78 shën. 4

Shkrimi me shkronjë të madhe i emërtimeve
gjeografike, edhe kur përdoren me kuptim të
figurshëm. § 78 shën. 5

Shkrimi me shkronjë të madhe i emërtimeve
të periudhave, të ngjarjeve, të akteve e dokumenteve historike, të monumenteve historike
e të monumenteve të kulturës. § 79

Shkrimi me shkronjë të vogël i emërtimeve të
epokave gjeologjike, historike e të formacioneve historiko-shoqërore, që nuk janë emra të
përveçëm. § 79 shën.

Shkrimi me shkronjë të madhe i emërtimeve
zyrtare (të sotme ose historike) të institucioneve të shtetit dhe të partisë të vendit tonë,
të organizatave shoqërore dhe të njësive ushtarake kryesore. § 80

Shkrimi me shkronjë të madhe i një pjese të
emërtimit zyrtar të një institucioni, organizate

etj., kur ajo përdoret për të përfaqësuar gjithë
emërtimin. § 80

Shkrimi me shkronjë të vogël i emërtimeve të
kategorive të mësipërme, kur përdoren si emra
të përgjithshëm. § 80 shën.

Shkrimi me shkronjë të madhe i fjalës së parë
të një emërtimi të përveçëm, kur ajo përdo-
ret si përfaqësuese e gjithë emërtimit. § 81

Shkrimi me shkronjë të madhe i pjesëve për-
bërëse të emërtimeve të festave kombëtare e
ndërkombëtare. § 82

Shkrimi me shkronjë të vogël i emërtimeve
të festave fetare. § 82 shën.

Shkrimi me shkronjë të madhe i fjalës së parë
të titujve të gazetave, të revistave e të librave. § 83

Shkrimi me shkronjë të madhe dhe pa pika
i emërtimeve të shkurtuara të shteteve, par-
tive, organizatave etj. § 84

Shkrimi me shkronjë të madhe i emrave të
përgjithshëm, kur përdoren për të shënuar qe-
nie të personifikuara. § 85

Shkrimi me shkronjë të madhe i një emri të
përgjithshëm për qëllime të veçanta stilistike. § 86

Shkrimi me shkronjë të madhe i përemrit ve-
tor *ju* dhe i përemrave pronorë *juaj, (i, e) tij,
(i, e) saj*, në shenjë nderimi për personin të
cilit i drejtohemi ose për të cilin flasim. § 87

Shkrimi me shkronjë të madhe i emërtimeve
të bartësve të funksioneve shtetërore e shoqë-
rore, kur u drejtohemi atyre. § 87

Shkrimi me shkronjë të madhe i emërtimeve shkencore të tipave, klasave, rendeve etj. të botës bimore e shtazore në trajtën latine të tyre. § 88

Shkrimi me shkronjën e parë të madhe i simboleve të elementeve kimike. § 89

Shkrimi me shkronjë të vogël i emrave të përgjithshëm si *rrugë, ndërmarrje, shkollë, roman, brigadë* etj., që përcaktohen nga një emër a emërtim i përveçëm në rasën emërore, i vënë ndërmjet thonjëzash. § 90

Shkrimi me shkronjë të madhe i emërtimeve të mësipërme, kur përdoren më vete (jo në fjali) në tabelat, dokumentet e shpalljet zyrtare. § 90

Shkrimi me shkronjë të madhe i emrave *shesh, rrugë, lagje* etj., kur janë pjesë e emërtimeve të përveçme përkatëse. § 90

Shkrimi me shkronjë të vogël i emrave të popujve dhe të banorëve të një vendi. § 91

Shkrimi me shkronjë të vogël i emrave të ditëve të javës, të muajve e të stinëve. § 92

Shkrimi me shkronjë të madhe ose të vogël i fjalës së parë të çdo vargu. § 93

Shkrimi me shkronjë të madhe, në citime, i fjalës së parë të vargjeve, kur shkruhen vijueshëm njëri pas tjetrit. § 93

Fillimi me shkronjë të madhe i fjalës së parë të çdo teksti. § 94

Fillimi me shkronjë të madhe i fjalës së parë të një fjalie ose periudhe që vjen pas pikës, shumëpikëshit, pikëpyetjes, pikëçuditjes dhe dy

pikave, kur këto shënojnë mbarimin e një
fjalie. § 94

Shkrimi me shkronjë të vogël i fjalës së parë
pas pikëpyetjes, pikëçuditjes ose shumëpikëshit,
kur ato vihen pas ligjëratës së drejtë dhe në
fjalët e autorit që vijojnë, tregohet se kujt
i takon ligjërata. § 94 shën.

Shkrimi me shkronjë të vogël i fjalës së parë
pas shumëpikëshit që shënon ndërprerje gjatë
ligjëratës dhe jo mbarimin e fjalisë a të periu-
dhës së mësipërme. § 94 shën.

Shkrimi me shkronjë të madhe i fjalës së
parë pas dy pikave, kur fillon një ligjëratë e
drejtë a një citat i vënë ndër thonjëza. § 95 a

Shkrimi me shkronjë të madhe i fjalës së parë
pas dy pikave, kur pas tyre, zakonisht në tek-
ste zyrtare (statute, ligje etj.), radhiten para-
grafë të veçantë që nisin me kryerresht dhe
mbarojnë me pikë. § 95 b

Përdorimi i shkronjës së vogël pas dy pikave
në të gjitha rastet e tjera. § 95 b shën.

VII. NDARJA E FJALËVE NË FUND TË RRESHTIT

Mbështetja e ndarjes së fjalëve në fund të
rreshtit kryesisht në ndarjen e fjalëve në rro-
kje dhe në strukturën morfologjike të fjalës. § 96

Mosndarja në fund të rreshtit e fjalëve një-
rrokëshe. § 97

Kalimi te zanorja pasuese i bashkëtingëllores
që ndodhet ndërmjet dy zanoresh. § 98 a

Ndarja e lirë në fund të rreshtit, kur ndërmjet
dy zanoresh ndodhen dy a më shumë bashkë-
tingëllore. § 98 b

Parapëlqimi nga dy ose më shumë ndarje të
mundshme në fund të rreshtit i asaj që ruan
më të qartë kufijtë e pjesëve të kuptimshme
të fjalës. § 98 b

Kalimi i bashkëtingëllores **j**, të ndjekur nga
një bashkëtingëllore tjetër, te zanorja që i prin. § 98 b shën.

Mundësia e ndarjes në fund të rreshtit të
dy zanoreve që vijnë njëra pas tjetrës në një
fjalë. § 98 c

Parapëlqimi i ndarjeve *mësue-si*, i *pathye-
shëm* te fjalët e këtij tipi. § 98 c

Ndarja në fund të rreshtit, te kufiri i pjesëve
përbërëse, e fjalëve të përbëra, të përngjitu-
ra, si edhe e fjalëve të formuara me parashtesa
që përdoren edhe si fjalë më vete në gjuhën e
sotme. § 98 ç

Mosndarja në fund të rreshtit e fjalëve të për-
bëra të shkurtuara. § 99 a

Mosndarja në fund të rreshtit e prapashtesës
së një numërori rreshtor të shënuar me shifra
arabe. § 99 b

Mosndarja në fund të rreshtit e nyjës së prap-
me dhe e mbaresave në rastet kur shkruhen
me vizë lidhëse. § 99 b

Mosndarja në fund të rreshtit e shkurtimeve
të tipave *a.i., d.v., p.sh.* etj. § 99 c

Mosndarja në fund të rreshtit e emërtimeve të veçanta të mjeteve teknike, si edhe e emërtimeve të ngjashme konvencionale, në përbërjen e të cilave hyn edhe një numër i shënuar me shifra. § 99 ç

Mosndarja në fund të rreshtit e shkurtimeve të njësive të masave dhe e shenjave të përqindjes e të përmijës nga shifra që u prin. § 99 ç

Mosndarja në fund të rreshtit e shenjës së paragrafit nga numri e shkronja që vijnë pas saj. § 99 d

Mosndarja në fund të rreshtit e shkurtimeve që shënojnë nënndarje të kapitujve, të neneve etj. § 99 d

Mosndarja në fund të rreshtit e numrave që përmbajnë një thyesë dhjetore. § 99 dh

Mosndarja në fund të rreshtit e një dyshkronjëshi. § 99 e

Moslënia në fund të rreshtit dhe moskalimi në rreshtin tjetër i një shkronje të vetme, edhe kur është zanore. § 100 a

Ndarja në fund të rreshtit e dy shkronjave të njëllojta që takohen në një fjalë. § 100 b

Përsëritja e vizës lidhëse, kur kalon në rreshtin tjetër pjesa e dytë e një fjale a e një emërtimi të përbërë që shkruhet me vizë lidhëse. § 100 c

Moslejimi i hapjes së kllapave dhe të thonjëzave në fund të rreshtit dhe i mbylljes në fillim të rreshtit tjetër. § 101

Moskalimi në rreshtin tjetër i shenjave të pikësimit me përjashtim të vizës së gjatë. § 101

VIII. SHKRIMI I DATAVE

Përdorimi i pikës pas shënimit të ditës e të muajit në datat e plota, kur muaji shkruhet me shifra (arabe ose romake). § 102

Mospërdorimi i asnjë shenje midis ditës, muajit dhe vitit, kur në datat e plota muaji shkruhet me shkronja. § 103

Përdorimi i presjes pas emrit të vendit në shkrimin e datave. § 104

Shkrimi i parafjalës *më* pas emrit të vendit dhe para shifrës që shënon datën, në shkresat zyrtare. § 104

Shkrimi i parafjalës *më* para datave, kur ato përdoren si plotës kohe brenda një fjalie. § 104

www.ingramcontent.com/pod-product-compliance
Lightning Source LLC
LaVergne TN
LVHW011939070526
838202LV00054B/4728